Incapaces de Dios

FRAGMENTOS, 52

José Cobo

INCAPACES DE DIOS
CONTRA LA DIVINIDAD OCEÁNICA

FRAGMENTA EDITORIAL

Publicado por	FRAGMENTA EDITORIAL
	Plaça del Nord, 4
	08024 Barcelona
	www.fragmenta.es
	fragmenta@fragmenta.es
Colección	FRAGMENTOS, 52
Primera edición	SEPTIEMBRE DEL 2019
Dirección editorial	IGNASI MORETA
Producción gráfica y cubierta	ELISENDA SEVILLA I ALTÉS
Impresión y encuadernación	ROMANYÀ VALLS, S. A.
© 2019	JOSÉ COBO CUCURULL
	por el texto
© 2019	FRAGMENTA EDITORIAL, S. L. U.
	por esta edición
Depósito legal	B. 13665-2019
ISBN	978-84-17796-07-5

Generalitat de Catalunya
Departament de Cultura
Con la colaboración del Departament
de Cultura

PRINTED IN SPAIN

A Mónica

Pr 31,10-31

ÍNDICE

SOBRE CÓMO LEER ESTE LIBRO

PARECE INNECESARIO, por no decir impertinente, comenzar con unas líneas sobre la manera de leer lo que sigue. Pues lo normal sería leerlo como se lee habitualmente un libro, desde el principio hasta el final… si es que llegamos al final. Sin embargo, esto sería lo propio de un libro que estuviera estructurado como un tratado. Pero no es el caso. Ciertamente, hay una línea de fondo, un tronco. Pero también muchas ramas. Por emplear una metáfora musical, estaríamos ante un tema con variaciones. El tema se expone en la primera parte, la dedicada a la dificultad de ser cristiano en el mundo que nos ha tocado en suerte y al carácter disruptivo del kerigma. Las variaciones, en cambio, se ejecutan a lo largo de la siguiente, la dedicada a la crítica de la subjetividad contemporánea.

Podríamos decir que, como el libro judío que en definitiva es, avanzamos en espiral. A lo largo de estas páginas, terminamos volviendo sobre lo mismo, pues al fin y al cabo la cuestión es una, pero siempre en un plano distinto. Esto acaso suponga un inconveniente, pero de hecho permite una lectura menos rigurosa o más desacomplejada, pues cada entrada posee una cierta autonomía. Y es que, aun cuando sería aconsejable comenzar por el principio, al menos por aquello de saber con qué nos vamos a encontrar, uno puede perfectamente no coger el toro por los cuernos, sino por el rabo o las pezuñas. De ahí que incluso no fuera una mala idea comenzar por el final. Ello no es óbice, por supuesto, para hacer una lectura inmersiva, lo cual quizá sea lo mejor, pero no hará una mala lectura quien prefiera ir saltando de párrafo en párrafo, avanzando o retrocediendo, dejándose llevar por lo que puedan sugerirle los títulos que los encabezan. Como ocurre con los platos que probamos por primera vez, acaso antes sea conveniente hacer una degustación.

PROEMIO

No es lo mismo decir, pongamos por caso, que somos criaturas de Dios que vivirlo a flor de piel. No es lo mismo recitar el credo que proclamar sinceramente que con el Crucificado llegó la salvación de Dios a los hombres. Una cosa es creer y, otra, creer que se cree. La cuestión es si, hoy en día, un bautizado aún puede encontrar un sentido a las fórmulas de la fe sin deformarlas. Quizá la pregunta no deje de ser retórica. Pues actualmente el credo cristiano resulta, al menos de entrada, increíble, por no decir ininteligible. ¿Engendrado pero no creado? ¿De la misma naturaleza que el Padre? ¿Va en serio que resucitarán los cuerpos? ¿Y es verdad que Jesús volverá con gloria para juzgar a vivos y a muertos?

Por lo común, ante el aparente esoterismo del credo cristiano, quienes intentan vivir con honestidad la fe de sus padres se enfrentan de entrada a dos posibilidades. O bien se ven obligados a reducir el kerigma cristiano —el anuncio de los apóstoles— a los esquemas de una moralidad emancipatoria, haciendo de Jesús de Nazaret un hombre ejemplar; o bien se sienten empujados a *actualizar* dicho kerigma por medio de categorías procedentes, por lo común, de las espiritualidades orientales, las cuales, sin duda, resultan hoy en día más digeribles que las del teísmo tradicional, aquellas por las que Dios es concebido a la manera de un *superman* espectral. En ambos casos, el cristianismo deviene, ciertamente, aceptable para la conciencia moderna, pero no sin haber pagado el precio de una notable distorsión. Así, desde la óptica de un cristianismo modernamente tolerable, y ante la angostura espiritual de nuestros tiempos, bastaría con situarse en la posición de quienes creen que *hay algo más* —o, por decirlo a la manera de Thomas Merton, que existimos en medio de aguas que nos cubren—, a la vez que nos sentimos comprometidos con un ideal transformador en el que Jesús se presenta, entre otros, como un modelo que seguir. Ahora bien, nadie dijo que este *algo más* se encuentre de nuestro lado o que juegue a nuestro favor. Las aguas que nos cubren también pueden ahogarnos. Podría ser que tuviéramos que purificar nuestras almas para que sirvieran de alimento a entes espirituales. Quizá a muchos les baste con estar emocionalmente convencidos de que vivimos bajo el manto protector de lo divino o que al final todo terminará bien. Pero el dar fe no puede, en última instancia, prescindir de la pregunta por la verdad, aun cuando esta no se comprenda cristianamente según la norma de la verdad científica. Sin duda, las verdades de la fe son vacías donde el cuerpo —el corazón— no las integra. Pero mientras nos decantemos principalmente por la vía emocional, no iremos más allá del *para mí hay Dios*. No es necesario haber leído a Freud para, cuando menos, sospechar de las ambigüedades, por no decir oscuridades, de nuestras emociones. Si cabe hablar de la verdad de la fe —si el cristianismo es algo más que la expresión de una vibración interior—, entonces esta verdad no puede decidirse solo desde nuestro lado. O la verdad de Dios es *de* Dios, o no es posible trascender el horizonte de la opinión. Por decirlo con otras palabras, o tiene todavía sentido hablar de la iniciativa de Dios, aun cuando esta no pueda entenderse bíblicamente, como veremos, en los términos de la intervención de un *deus ex machina*, o seguimos atados a los límites de lo que nos parece que es, ensimismados en *lo nuestro*, aunque sea con la excusa de Dios. Y este es el problema. Pues Dios modernamente no se da por descontado. La Modernidad no sabe qué hacer con la alteridad de Dios, de hecho, con la alteridad *tot court*. Más aún, no es capaz de pensarla. Y menos en los términos de un *alguien*.

En este sentido, no es casual que muchos cristianos hoy en día, sobre todo del lado progresista, acepten las tesis de una espiritualidad transconfesional, tesis según las cuales las religiones son tan solo medios, culturalmente determinados, de acceder a la experiencia de lo que supera el límite de lo manipulable. Desde esta óptica, las representaciones tradicionales de lo divino no serían más que un intento de darle un rostro humano a lo que, en definitiva, carece de rostro. Para una espiritualidad transconfesional, algo así como un denominador común de las diferentes religiones, Dios sería como el océano al que todos los ríos van a parar o el amor que sostiene cuanto es. De ahí que dicha espiritualidad sintonice con una idea muy apreciada por el viejo gnosticismo, a saber, aquella según la cual en el fondo de cada uno habitaría una especie de *chispa divina*, de tal modo que tan solo haría falta que nos abandonásemos a su poder para liberar nuestra existencia de aquellas preocupaciones más o menos elementales que la esclavizan. Así, la convicción de muchos *cristianos aconfesionales* de hoy en día, si se nos permite el oxímoron, es que si pudiéramos desprendernos de la costra de egoísmo que encubre dicha chispa, el mundo sería muy distinto. Al fin y al cabo, el camino espiritual, desde este punto de vista, apunta a disolvernos en el océano de la divinidad como si fuéramos muñequitos de sal. El problema residiría en el ego. El ego sería el enemigo a batir. Y aquí, ciertamente, basta con que Dios o, mejor dicho, lo divino permanezca en su lugar a la espera de la ascesis humana. No necesitamos ningún mesías crucificado para participar de la divinidad. En cualquier caso, un maestro que nos indique el camino por el que transitar. Ni tampoco parece que aquí la redención exija el sacrificio —la *kénosis*, la humillación, el vaciamiento— de Dios. No es casual que, en el mercado de las religiones, el budismo tenga hoy en día las de ganar, pues acaso sea la doctrina que mejor se adapta, al menos sobre el papel, a las demandas espirituales del sujeto moderno, el cual no está dispuesto a admitir la existencia de entes espectrales que, de algún modo, tutelan su existencia. Sin embargo, aunque pueda parecérnoslo tras dos mil años de cristiandad, el kerigma cristiano nunca sostuvo que Dios fuera algo así como el ángel de la guarda de nuestra infancia, pero a lo grande. Ni por supuesto un océano.

En definitiva, la cuestión que nos planteamos es si hay una respuesta cristiana a la crisis de la cristiandad. Esto es, si ante la aparente ininteligibilidad del credo cristiano, no cabe otra salida que, o bien seguir siendo formalmente cristianos, como aquellos que, creyendo que creen, se limitan a repetir fórmulas hoy en día inadmisibles con el implícito propósito de seguir formando parte del *club*; o bien optar por la solución transconfesional, la cual podría definirse *grosso modo* como una espiritualidad sin Dios o, mejor dicho, sin un Dios personal. Ciertamente, lo segundo parece más viable para quien pretende, hoy en día, ser consecuente con su creencia en una realidad que trasciende cuanto podemos ver y tocar. Sin embargo, la tesis que defenderemos a lo largo de estas páginas es que acaso solo en la época en la que Dios no se da por descontado es posible ser honestamente cristiano. Al menos porque el Dios de la fe, en tanto que su ser o no ser depende de la respuesta del hombre a su sacrificio en la cruz, no es un Dios cuya existencia quepa suponer como quien supone que hay vida en Marte. Los dos mil años de cristiandad nos han hecho olvidar que el kerigma cristiano supuso en sus orígenes una crítica frontal a lo que se entiende religiosamente por Dios, a saber, algo así como un ente sobrenatural de cuyo poder depende nuestra supervivencia, y cuya esencia o modo de ser se encuentra determinada al margen del hombre. Podríamos decir que la cristiandad ha sobrevivido a lo largo de los siglos como una religión entre otras, abrazando *de facto* una concepción de la divinidad que la cruz había dejado atrás.

Así, a la hora de justificar la posibilidad de seguir siendo cristianos en los tiempos en los que la palabra *Dios* ha perdido su antigua vigencia, tenemos que recuperar lo que realmente dijeron los primeros cristianos cuando proclamaron lo que proclamaron, aunque, probablemente, no fueran conscientes hasta el final de sus implicaciones más disruptivas. En realidad, tampoco es que pudieran serlo, en tanto que el kerigma cristiano se formula por medio del lenguaje disponible por aquel entonces, un lenguaje, al fin y al cabo, religioso, aun cuando sea para obligarlo a decir lo que en principio no puede admitir. De ahí que resultara inevitable, incluso en los comienzos, que la intelección del credo oscilase entre una interpretación religiosa y otra propiamente cristiana. Ahora bien, por eso mismo, comprender lo que realmente anunciaron los primeros cristianos supone caer en la cuenta de la carga explosiva que contiene el kerigma. Pues, a pesar de que recurra al lenguaje religioso disponible, este no puede seguir funcionando como siempre había funcionado, una vez que apunta a un Dios que cuelga de un madero. Un Dios que depende de la respuesta del hombre a su inmolación para llegar a ser el que es no es sencillamente homologable a la divinidad que permanece en las alturas a la espera del ascenso —la ascesis, el sacrificio— del hombre. El uso cristiano del lenguaje de la época no deja de ser irónico, cuando menos porque, diciendo aparentemente una cosa, dice otra muy distinta. Y lo que dice es algo que una sensibilidad religiosa en modo alguno puede aceptar, a saber, que el sacrificio que nos reconcilia con Dios no es del hombre, sino de Dios.

No es casual que el ateísmo moderno sea un hijo bastardo de la cristiandad. Pues la realidad de un Dios cuyo acontecimiento o tener lugar depende de la entrega incondicional del hombre, está muy cerca de la negación atea de una divinidad entendida a la manera de un ente espectral, si no es que coincide con ella. Sencillamente, un Dios que se identifica con aquel que fue crucificado como un maldito de Dios no puede valer como un dios al uso. Dios en verdad no aparece como dios. El Dios que se revela en el Gólgota no acaba de hacer buenas migas con el dios de la religión, se trate del dios del teísmo o de la divinidad oceánica de la espiritualidad transconfesional. Dios no *sobre-vive* a la cruz. O mejor dicho, no sobrevive como Dios al margen del Crucificado. Dios en verdad no vive por encima de la cruz de aquel sin el cual no acaba de tener lugar. Entre otras razones, porque Dios no es aún nadie al margen del *fiat* del hombre, de su sí incondicional a un Dios impotente, un sí que el hombre, paradójicamente, tan solo puede pronunciar *sin Dios median-te*, esto es, en aquellas situaciones en las que no parece que haya Dios. Jesús, para el creyente, no es el representante de Dios —aquel que ejemplifica, si se prefiere, a la perfección, la esencia o modo de ser de Dios—, sino el *quién* de Dios, el *modo de ser* que Dios, precisamente, tenía pendiente tras la caída. Con todo, que Dios aún no sea nadie con anterioridad al *fiat* del Crucificado no significa, como veremos, que no haya sido nada en absoluto. En realidad, fue precisamente en el modo de lo absoluto —de un absoluto *por-venir*. De hecho, comprender el kerigma cristiano no es posible sin comprender estas tres últimas afirmaciones. De ello nos ocuparemos a lo largo de estas páginas. La fe es, ciertamente, otro asunto. Pero que la fe no se reduzca a un *ahora entiendo* no exime al creyente de la necesidad de un *dar razón de su esperanza* (1Pe 3,15).

LA PÉRDIDA DE LEGITIMIDAD
DEL CRISTIANISMO

I PLANTEAMIENTO DE LA CUESTIÓN

Supongamos que el relato cristiano de la salvación hubiese sucedido *tal y como nos lo cuentan*. Que fuera verdad que hay Dios y que Dios envió a su Hijo para la liberación de los hombres. Que la Palabra habitaba junto a Dios y era Dios y que, en un momento dado, se hizo hombre. Más aún, que adoptó la condición del apestado para llevarse consigo, tras su muerte y resurrección, a quienes creyeran en él. Esto es, supongamos que el mito cristiano no fuera un modo de hablar imaginativamente brillante, sino la crónica de lo que *de hecho* pasó. En ese caso, ¿tendríamos que darle la razón a quien se toma el credo al pie de la letra? Quizá. Pero esto sería lo de menos. Pues la pregunta no es si las cosas sucedieron tal y como se nos dice que sucedieron, sino si aun en ese caso, como hombres y mujeres modernos, seríamos todavía capaces de situarnos ante Dios como Dios. Ciertamente, el Dios cristiano —un Dios que no es nadie al margen de su identificación con un crucificado en su nombre— no es el dios interventor que fácilmente presuponemos al aceptar literalmente el relato cristiano de la salvación. Pero también es cierto que, con independencia de esto último, difícilmente podemos cargar hoy en día con el carácter soteriológico del kerigma cristiano tal y como se ha entendido espontáneamente a lo largo de los dos mil años de cristiandad. Como si, al fin y al cabo, la redención de *este* Dios no tuviera que ver con nosotros. Hoy en día no podemos evitar leer el relato de la salvación como si fuera la historia de un marciano que, en su momento, hubiera decidido rescatar a unos cuantos hombres buenos. Sencillamente, *ya no somos ese sujeto que, de entrada, se comprende a sí mismo como aquel que se encuentra expuesto a la desmesura de una divinidad de la que depende el sí o el no de su entera existencia.* Porque de manera espontánea ya no nos entendemos como aquellos que se encuentran *sub iudice* ante Dios, difícilmente podemos leer los relatos evangélicos desde la óptica de la redención. Nuestro horizonte no es el de la redención sino, en cualquier caso, el de la dicha espiritual. Ya no esperamos a ningún mesías que proceda del ultramundo. Ni siquiera quienes aún se confiesan cristianos parece que se tomen muy en serio esto del regreso del Resucitado al final de los tiempos… a pesar de que es esto lo que proclaman cuando recitan el credo. De ahí que tendamos a creer que una sensibilidad religiosa, aquella que al menos se plantea la posibilidad de lo trascendente, tan solo pueda admitir hoy en día una religión sin Dios, una religión que, más allá de los dogmas, aspire a la plenitud del espíritu o, si se prefiere, a participar del misterio que cubre nuestra existencia. Un Dios personal —un Dios que se conciba a la manera de un *espectro bonachón*— no tiene cabida en nuestro mundo. O cuando menos, no posee la legitimidad epistemológica de antaño. El anhelo de ser liberados de nuestro hallarnos en manos de Satán, por decirlo así, no es nuestro anhelo. Más bien creemos que aquellos que viven a flor de piel la necesidad de ser rescatados del maligno pecan, en el mejor de los casos, de infantilismo.

Por consiguiente, no parece que aún podamos confesar sinceramente que Dios se encarnó en Jesús de Nazaret para la redención de los hombres. Sin embargo, que no podamos hacerlo no implica que no haya habido encarnación ni, por consiguiente, redención. Puede que simplemente nos hayamos vuelto históricamente incapaces de Dios. Puede que el relato cristiano sea verdadero —aun cuando propiamente, como veremos, no se trate de una verdad que quepa confirmar apelando a lo observable— y que, con todo, no podamos aceptarlo. En definitiva, puede que, como hombres y mujeres modernos, seamos impermeables a la extrema alteridad de Dios, a la posibilidad de, cuando menos, pensarnos como aquellos que están esencialmente referidos a la trascendencia del absolutamente otro, aunque —y esto resultará decisivo— dicho *estar referidos* solo pueda experimentarse inicialmente —y quizá en cualquier caso— a través del sentimiento de una pérdida fundamental. Quizá el problema de la Modernidad en lo que respecta a los asuntos de Dios resida en un habernos cegado a la realidad de una alteridad radical, aquella que es o aparece en tanto que *en sí misma* no es o, mejor dicho, no aparece. Si vemos el aspecto del otro es porque el otro como tal siempre se encuentra más allá de su aspecto (y, por eso mismo, difiere continuamente del aspecto con el que, sin embargo, se identifica). Así, la enfermedad espiritual del sujeto moderno puede que obedezca a su impotencia a la hora de dar carta de naturaleza a la invisibilidad que hay detrás de los ojos que nos miran. El lenguaje —el imaginario— que nos permite hablar del carácter trascendente de lo real, y de paso interiorizarlo, ha sido modernamente proscrito como superstición, y, en parte, con razón. Pues, sin duda, el riesgo de dicho lenguaje es el de terminar cosificando lo que no admite una cosificación. Pero esto no es óbice para negar lo que acabamos de decir. En modo alguno, el absolutamente otro es cosa. Ni siquiera etérea. Al menos porque no es —no aparece— al margen de su reconocerse en un aspecto o modo de ser.

En cualquier caso, la alteridad *avant la lettre* ha dejado de ser un *prius* para nosotros. Ni siquiera sentimos nostalgia de Dios. Ciertamente, esto lo consideramos por lo común un avance. Pero no tiene por qué serlo. Podría tratarse más bien de un empobrecimiento. No en vano Hölderlin escribió aquello de «para qué poetas en tiempos de indigencia». Como veremos, el punto de partida del sujeto moderno no es un encontrarse expuesto a la desmesura de lo real, sino al carácter problemático de sus creencias o representaciones acerca de lo real. Modernamente, la alteridad como tal, aquella que solo puede darse como lo que perdimos de vista en su hacerse presente a una sensibilidad, en modo alguno constituye el *a priori* ontológico de la experiencia. Por eso mismo, el sujeto moderno se enfrenta antes que nada a sus imágenes de la alteridad y no al carácter intangible del enteramente otro. De hecho, desconfía de que pueda haber algo que se sitúe esencialmente fuera del campo de lo visible. Si hay algo, ese algo, tarde o temprano, tiene que poder ser visto o captado, aunque sea indirectamente. «Esse est percipi», que decía el obispo Berkeley. Y esto es de algún modo así. Pero lo que no tiene en cuenta Berkeley es que la experiencia solo es posible donde la alteridad como tal se sustrae al dato sensible. En este sentido, no es casual que en la principal obra de Descartes, las *Meditaciones metafísicas*, acaso el pistoletazo de salida de la subjetividad moderna, el carácter exterior de lo real tenga que ser demostrado a partir de los contenidos de la conciencia. Como tampoco es casual que el mundo termine siendo pensado como el ámbito de lo material o cuantificable. Desde la óptica del sujeto moderno, la exterioridad no es más que el presupuesto no representado de nuestras representaciones del mundo; presupuesto que, como tal, pertenece al orden de la conciencia. De ahí que, visto lo visto, no quepa plantear la pregunta por la verdad de Dios sin plantear al mismo tiempo la pregunta por el sujeto capaz de Dios.

2 LOS DOS SUJETOS

Con todo, no parece que podamos preguntarnos quién será capaz de Dios sin interrogarnos previamente acerca de qué Dios estamos hablando. De hecho, la pregunta por quién será capaz de Dios —o mejor dicho, por la situación desde la que nos hacemos capaces de Dios—, en tanto que se formula, al menos bíblicamente, desde la crítica de la experiencia natural de lo divino, no puede evitar la cuestión sobre de quién hablamos cuando hablamos de Dios. Ambas preguntas van de la mano. En cualquier caso, no hay manera de recuperar la legitimidad epistemológica de la experiencia bíblica de la trascendencia que no pase por una crítica del sujeto que produce la Modernidad. Pues hay algo así como una falla óntica entre el creyente y el sujeto moderno. Sencillamente, no *son* del mismo modo. El sujeto moderno, en tanto que se comprende a sí mismo como el fundamento de la inteligibilidad del mundo, no parte del exceso de lo real o, si se prefiere, del misterio que hay detrás de cuanto podemos ver y tocar. Para el sujeto moderno, el mundo es, antes que nada, un campo de posibilidades. Como si, en definitiva, fuera un enorme supermercado. En cambio, el creyente se sitúa ante una única alternativa, a saber, la de aceptar o rehuir la llamada de Dios. No parece que el creyente salga ganando. Al menos, porque da la impresión de que su opción implica una reducción del escenario de la libertad. Ahora bien, es posible que no haya otra libertad que la de quien se ata al mástil, por decirlo así, la de aquel que, frente a la dispersión de los cantos de sirena, decide mantenerse fiel a una vocación. Esto es, el creyente, en vez de abrirse a nuevas oportunidades, opta por obedecer a una voz insoslayable. En vez de dejar alguna puerta abierta, se decanta por la fidelidad. Ahora bien, lo cierto es que esto de atarse al mástil no goza de buena prensa hoy en día.

Sin embargo, nos equivocaríamos si entendiéramos la diferencia entre ambos sujetos como relativa a sus preferencias. No decimos que uno crea y el otro no como cabe decir que uno se inclina por veranear en la playa y el otro en la montaña. No estamos ante opciones que se encuentren en el mismo plano, aunque así lo entendamos por lo común, sino ante modos inconmensurables de estar en el mundo. Pues es posible que el sujeto moderno se decante por la montaña… porque se haya olvidado de nadar. Como decíamos en el párrafo anterior, ambos sujetos no *son* del mismo modo. En principio, un creyente se encuentra por entero sometido a la voluntad de Dios, la que se desprende, a pesar de lo que se supone habitualmente, de un Dios que *brilla por su ausencia*; al fin y al cabo, al mandato de un Dios que no aparece como dios. Quien cree, en tanto que huérfano de Dios, se comprende a sí mismo como rehén del que sufre la impiedad del hombre. Al igual que sucede con aquellos hermanos que tan solo asumen que lo son una vez fueron abandonados por sus padres. Mientras permanece a la espera de Dios, el creyente no puede dejar de dar de comer al hambriento. En cambio, es inevitable, como decíamos, que el sujeto moderno entienda la obediencia incondicional del creyente como una merma de la libertad originaria. Según el sujeto moderno, la libertad pasa no solo por la elección, sino por la posibilidad de dar marcha atrás. Sin embargo, podríamos preguntarnos si acaso la libertad, tal y como la entiende el sujeto moderno —la libertad, en definitiva, del consumidor—, no queda un tanto lejos de la genuina libertad, aquella que se determina como querer o voluntad y, en última instancia, como respuesta fiel a una interpelación. Y es que no hay libertad —un genuino querer— que no implique un atarse al mástil. Contra nuestro prejuicio actual, es posible que nos equivoquemos donde la cuestión de la libertad se plantea en los términos de hasta qué punto estamos determinados en nuestras elecciones. Pues resulta obvio que nadie elige en medio del vacío. Que nos sintamos libres al poder realizar nuestro deseo no supone que efectivamente lo seamos. Al fin y al cabo, un deseo no deja de ser un implante. Precisamente porque nadie elige al margen de su particular modo de ser —y puesto que no hay modo de ser que no sea en gran medida el resultado de las circunstancias—, la cuestión de la libertad es la cuestión de a quién responde nuestra entera existencia. Una libertad absoluta, esto es, no sometida a ninguna restricción o condicionamiento, sería pura arbitrariedad. Como tirar una moneda al aire. La libertad exige un compromiso, un implicarse por entero en la decisión. Así, desde la óptica creyente, no hay libertad que no se dé como respuesta a la demanda infinita que nace del otro como tal, esto es, de su indigencia o falta de ser. O por decirlo en clave teológica, uno es libre donde se encuentra a sí mismo bajo la voluntad de Dios, donde no es más que su respuesta al clamor de los que, con su sufrimiento, dan testimonio de la *altura* de Dios. El sujeto de la Modernidad quizá pueda decirse que depende de la voluntad divina, pero no podrá integrarlo, vivirlo a flor de piel, al menos mientras siga bajo los presupuestos de la cosmovisión moderna. En cualquier caso, creerá que cree que se halla bajo dicha voluntad. Pero no es lo mismo creer que creer que se cree.

Partimos, por tanto, de que ambos sujetos no se encuentran en el mismo plano —de que creer no es como ser socio de un club. Ahora bien, llegados a este punto cabe plantear dos preguntas. La primera es cuál de los dos planos es *superior*. La segunda es hasta qué punto hoy en día es posible la fe. O mejor dicho, *ser* creyente.

3   LA IRRELEVANCIA DE LA PREGUNTA POR LA EXISTENCIA DE DIOS

La cuestión, por tanto, no será si hay o no hay algo así como un ente supremo, sino si, de haberlo, aún podríamos reconocerlo como el señor de nuestra entera existencia (y no solo como el ente con el que lidiar o negociar); en definitiva, si aún cabe reconocerlo como aquel con quien estamos en deuda, cuando menos porque la vida nos ha sido dada por el paso atrás de Dios. No se trata, por tanto, de preguntarnos si todavía podemos creer en Dios como quien supone que hay vida en Marte o gnomos en la cara oculta de la Luna, pues es obvio que la creencia en *este* Dios, aunque carezca de la legitimidad epistemológica de antaño, es de hecho posible; sino si aún podemos creer en Dios sin caer en la mala fe. Esto es, si podemos comprendernos, aun cuando ya no sea por defecto, como aquellos que se encuentran expuestos a un Dios que decide nuestra absolución o condena. Al fin y al cabo, no es lo mismo *tener* una creencia que puede ser desestimada en cualquier momento a la luz de nuevos datos o mejores argumentos, que existir como creyente. Como decíamos antes, no es lo mismo *creer que se cree* que encontrarse por entero sujeto a Dios. En el primer caso, el yo permanece fuera de su creencia. No en el segundo. Aquí la creencia es, antes que un supuesto, aquella confianza que, en tanto que básica o fundamental, determina una manera de estar en el mundo. El creyente es en gran medida su confianza en Dios. Ahora bien, es esta confianza básica en el *poder de los cielos*, por decirlo así, la que ha hecho aguas en los tiempos modernos. De ahí que no nos preguntemos por la existencia de Dios, sino por hasta qué punto aún somos capaces de Dios. Incluso en el caso de que hubiera Dios.

4   LA EXPERIENCIA NATURAL DE LO DIVINO Y LA IRRUPCIÓN DE LA MENTALIDAD CIENTÍFICA

Para el *homo religiosus* de la Antigüedad, un dios nunca fue el objeto de una fe, sino el *factum* incuestionable de la existencia. Nadie o casi nadie en el mundo antiguo puso en duda que el hombre dependiera de poderes invisibles, aquellos con los que, en la medida de lo posible, tenía que negociar. No en vano Tales dijo que «todo está lleno de dioses». El poder divino, al margen de que pudiera poseer diferentes rostros, estaba detrás tanto del crecimiento de la hierba como de la erupción de los volcanes. Podríamos decir que el *homo religiosus* de los tiempos antiguos se hallaba espontáneamente ante la desproporción y el misterio de la divinidad. La trascendencia constituía el dato fundamental e incuestionable de la experiencia. El *homo religiosus* daba por sentado que había dioses al igual que nosotros damos por descontado que hay electrones. Esta espontaneidad ante lo divino es, precisamente, lo que fue dejado atrás con la irrupción de la cosmovisión científica. Hoy en día, lo que presuponemos es que las fuerzas que configuran el mundo carecen de propósito. Hay fuerzas pero no dioses. No cabe aquí negociación alguna, sino en todo caso una mejor comprensión de cómo actúan dichas fuerzas.

De ello no se desprende, sin embargo, que para el sujeto moderno no quepa algo así como una experiencia espiritual. Ciertamente, es capaz de admitir que lo inefable constituye el horizonte de su existencia. Al fin y al cabo, no deja de asombrarnos que haya presencia en vez de un inmenso vacío. Y este asombro no es simple curiosidad. Podemos resolver nuestra curiosidad. En modo alguno nuestro asombro. Ni siquiera donde topáramos con una *cosa última*. Pues si esto sucediera, siempre cabría preguntarse por qué esa cosa y no más bien nada. «La rosa es sin porqué», que decía el Silesius. La razón de ser del ente, si la hubiera, no puede darse como ente. Pero, aun cuando la conciencia del misterio que envuelve nuestra existencia pueda elevarla por encima de su estrecha circunstancia, actualmente damos por sentado que dicho misterio carece de finalidad. Más aún, no creemos que el misterio se ubique en otro mundo. Más bien penetra cuanto es desde el fondo de cuanto es.

El mundo de la cosmovisión científica es, en cualquier caso, un mundo homogéneo. Espontáneamente ya no creemos, salvo infantilismo, que haya una realidad cualitativamente superior que imponga su norma moral sobre la existencia. El paradigma divino se ha refugiado en la interioridad de un inconsciente colectivo, tal y como dijo en su momento Carl Jung. Dios no tiene lugar fuera de la psique. El Dios de la tradición cristiana, por consiguiente, ya no es el *prius* de nuestro estar en el mundo. Dios no se da, modernamente, por descontado. En cualquier caso, se ofrece como la hipótesis, culturalmente problemática, de la subjetividad creyente. Ahora bien, un Dios que es asumido por nuestra cuenta y riesgo difícilmente puede darse como Dios. Acaso como una variante del amigo invisible de la infancia solitaria, pero en modo alguno como aquel que decide desde un más allá de los tiempos el sí o el no de nuestra entera existencia. De hecho, la creencia en el Dios cristiano, hoy en día, no parece diferenciarse formalmente de la que defiende la existencia de *jedis* vete tú a saber dónde.

5   CIENCIA Y HUMANISMO

El cientifismo moderno entiende la posibilidad del conocimiento desde la primacía del método. El método se impone como el único criterio de cuanto podamos admitir como verdadero. Sin duda, las teorías científicas son revisables a la luz de nuevos datos. La verdad para el científico es siempre provisional, el horizonte asintótico de la práctica metodológica. Científicamente hablando, no hay algo así como *la* verdad. En cualquier caso, no es posible hoy en día ninguna verdad fuera de la objetividad que garantiza el método científico.

Por otra parte, la supremacía epistemológica del método significa que cualquiera que siga la pauta tiene que poder llegar a *la* verdad. El método hace posible una democratización del saber. El científico no tiene por qué ser un sabio, en el sentido griego de la expresión. La vieja sabiduría, aquella capaz de integrar un conocimiento de lo real con un saber acerca del significado último de la existencia, ya no es pertinente. La cuestión del sentido ha quedado relegada al ámbito de lo subjetivo, lo cual significa al ámbito de lo opinable. No cabe apelar a otra autoridad que la del método. La teoría de la relatividad general no es válida porque la hubiera firmado Einstein. Es válida porque los hechos, al menos de momento, confirman sus pronósticos. Si la diéramos por buena porque fue concebida por Einstein, entonces caeríamos en la denominada falacia *ad hominem*. Y científicamente no cabe apelar a otra justificación que la que proporcionan los datos dentro del marco de la razón.

Sin embargo, en el campo de las humanidades lo propio es fiarse de la autoridad del maestro. Si terminamos siendo sensibles, pongamos por caso, a una obra tan inhóspita para la receptividad moderna como *La Divina Comedia*, es porque, cuando apenas sabíamos leer, como quien dice, confiábamos en aquel que, poseyendo la suficiente autoridad sobre nosotros, nos hablaba con pasión de los enormes hallazgos de Dante. Obviamente, cuando nos poníamos a leer a Dante, llevados por el entusiasmo del maestro, topábamos con nuestra impotencia. Con Dante no sabíamos qué hacer. Pero al menos sabíamos que la razón no estaba de nuestra parte. Quien se hubiera atrevido a decir que Dante era un *peñazo* no habría hablado de Dante, sino de sí mismo. En humanidades, el maestro no es simplemente alguien que opina de libros según sus gustos, sino alguien que sabe de lo que habla, que es capaz de descubrir la vida que hay detrás de las grandes obras, alguien que ha visto antes que nosotros lo que debe ser visto. De hecho, un maestro podrá reconocer el valor de una obra, aunque no entre dentro de sus preferencias. La opinión de quien apenas ha leído unos cuantos libros no se encuentra en el mismo plano que la de, pongamos por caso, un Harold Bloom o un George Steiner. Un maestro es, sencillamente, un padre. Sin embargo, lo cierto es que las razones que el maestro pueda ofrecernos a la hora de apoyar sus juicios de valor no son objetivas en el sentido habitual de la expresión. Hace falta una cierta iniciación para comprenderlas como tales. Y si hace falta iniciación es porque, al fin y al cabo, esas razones tienen que ver con lo que la vida da de sí. La vida no consiste, simplemente, en adaptarse a las exigencias de la circunstancia. Hay vida más allá de la adaptación, quizá la única que merece ser vivida. No es lo mismo vivir pegados a la inmediatez de las apariencias que ser capaces de trascenderlas por medio de una visión de largo alcance. No es lo mismo observar una mujer como un cuerpo más o menos aprovechable que verla como un *alma* encerrada en un cuerpo, por decirlo a la manera de Platón. O como la voz que clama por un quién. La formación humanista configura la mirada y, en definitiva, una nueva sensibilidad. Llega un momento en que hay ciertas cosas que, sencillamente, no deberían gustarnos. Por eso, el principio de la formación humanística —y, podríamos añadir, espiritual— no puede ser otro que la confianza. El discípulo se fía de quien posee autoridad sobre él. De entrada, creemos que Dante vale la pena porque lo ha dicho quien sabe de lo que habla. El discípulo no es capaz de leer la vida como el maestro. Pero, y esto resulta decisivo, quiere leerla como él.

Ciencias y humanidades no son conciliables, aun cuando sin duda pueda haber científicos que sean sensibles a la poesía de Dante. Pero no lo serán como científicos.

No es casual que, tras el descrédito moderno de la autoridad, fácilmente digamos que, en el ámbito de lo discutible, no hay una opinión mejor que otra. Que cada uno tiene sus gustos. Sin embargo, lo cierto es que no es lo mismo una sinfonía de Bruckner que el último éxito del Koala. No nos llegan del mismo modo. Otra cosa es que sepamos verlo. De ahí que la clásica distinción entre ciencias y humanidades pueda comprenderse como una distinción entre dos tipos de sujetos y, en última instancia, entre dos modos de entender la experiencia. En este sentido, el sujeto de la racionalidad científica es un sujeto sin biografía, aquel que, en último término, no obedece a otra instrucción que la del método. Podríamos decir que el sujeto de la racionalidad científica es la razón entendida como sujeto, como el último soporte de la verdad. La búsqueda científica tan solo se ocupa de cómo funciona la maquinaria del cosmos. Y aquí cualquiera vale o, mejor dicho, cualquiera que domine la técnica adecuada. El científico como tal no se enfrenta al vacío que abraza cuanto es. Nada que ver con el sujeto de carne y hueso, el que tiene que lidiar con sus temores o deseos y, en definitiva, con la ausencia de alguien en verdad otro. Para el sujeto de la racionalidad científica en realidad no hay propiamente experiencia que valga, pues la genuina experiencia siempre apunta a lo que la sensibilidad no termina de captar, sino a lo sumo sensaciones más o menos intensas que, como tales, pueden ser cuestionadas en lo que respecta a su pretensión de verdad.

En este sentido, no deja de llamar la atención que el subjetivismo moderno se asiente, precisamente, sobre la despersonalización del sujeto del conocimiento. De ahí que el individuo moderno tenga serias dificultades para integrar su relación espontánea con el mundo y los resultados de la práctica científica. Aun cuando sepa que es la Tierra la que da vueltas alrededor del Sol, no puede *verlo* así. Decía Martin Buber que la enfermedad espiritual de nuestro tiempo consiste en que el creyente, cuando se dirige a Dios, no puede evitar, cuando menos, la sensación de estar dirigiéndose a una proyección de sí mismo. El descrédito de las humanidades corre parejo al de la creencia religiosa. La fe, del mismo modo que una sensibilidad literaria, depende de la confianza que nos merece el testigo. De ahí que no quepa recuperar la legitimidad de la fe sin cuestionar la pretensión de la subjetividad moderna.

6 VERDAD Y RELATO

La primacía del método, sin embargo, no es neutral, cuando menos porque se establece sobre el presupuesto de la homogeneidad del mundo, un presupuesto que, como tal, no admite demostración. La objetividad no es objetiva. Tampoco puede serlo. Ahora bien, que la física matemática haya pasado a ser modernamente la expresión legítima de lo real —«Dios escribió en el libro de la naturaleza con el lenguaje de la matemática», decía Galileo— quizá no sea la razón por la que actualmente la sabiduría que transmiten las humanidades se entienda como relativa a los gustos o la metafísica haya sido desplazada al ámbito de la mera divagación. Probablemente sea al revés. Porque prescindimos de la metafísica —porque su propósito se ha entendido modernamente como vano—, los principios de la física matemática se han convertido en las únicas coordenadas del saber. Y quien dice metafísica, dice religión, aun cuando no se trate estrictamente de lo mismo. Hay ciencia porque el sujeto moderno se cree capaz de prescindir de Dios. Y se cree capaz debido a su dominio técnico del mundo. Dios ha dejado de darse por sentado porque las condiciones materiales de la existencia, como decía el viejo Marx, nos permiten desembarazarnos de Dios. Los dioses comenzaron a retroceder una vez Prometeo ofreció el fuego de Zeus a los hombres. Para la ciencia no hay otra realidad que la mensurable. No es casual que la Iglesia condenara a Giordano Bruno. Pues al identificar a Dios con el uno-infinito, el cosmos dejaba de estar dividido en órdenes cualitativamente diferenciados. Más aún: donde Dios es el todo, no es posible concebir la alteridad de Dios, ni por supuesto invocar a Dios como a un quién. Desde la óptica del panteísmo, la desmesura divina en modo alguno puede comprenderse como la de aquella interpelación que procede del más allá de los tiempos. Ciertamente, la condena de Bruno no es justificable. Al menos desde nuestra sensibilidad. Pero una cosa no quita la otra. Pues es indiscutible que el Dios de la tradición cristiana comienza a tambalearse donde no hay cielo que valga.

Con todo, podríamos preguntarnos si acaso con la neutralidad científica no habremos tirado, con el agua sucia, al niño de la verdad, en su sentido más originario. Y es que donde entendemos la verdad tan solo como la adecuación provisional entre los postulados de la física matemática y los datos de la experiencia, difícilmente llegaremos a comprender que la verdad es, antes que adecuación, el tener lugar de lo real, y un tener lugar, cuando menos, paradójico. Pues nada tiene lugar —nada acontece— sin que retroceda *lo que* de hecho se nos muestra. No hay sensibilidad que pueda captar, y menos cuantificar, el carácter enteramente otro de lo que es en realidad. Por poco que reflexionemos nos daremos cuenta de que lo real tan solo se hace presente en tanto que su alteridad se oculta. Hay verdad —otro acontece. Pero al precio de su *desaparición* —de su volverse, literalmente, absoluto. La verdad de la alteridad es irrepresentable. O por decirlo a la manera de Bonhoeffer, estamos ante Dios sin Dios. Nuestro estar en el mundo se corresponde con el paso atrás de Dios. Bíblicamente, la experiencia de Dios es la de los tiempos de Dios. Por eso la verdad de Dios tan solo puede ser narrada, en modo alguno objetivamente pensada. Dios no es objeto de experiencia. Es lo que tiene haber dado un paso atrás. En lo que respecta a Dios, siempre hay una historia detrás y una historia que afecta a Dios mismo. Sea como sea, no podemos dejar de preguntarnos si acaso el progreso científico no irá de la mano de un notable empobrecimiento del hombre. De ahí que la cuestión de la verdad, como la cuestión de Dios, sea indisociable de la pregunta por el sujeto de la verdad.

Consecuentemente, la crítica ilustrada a la creencia religiosa anda un tanto coja, si no tiene en cuenta que acaso el creyente —el que se encuentra expuesto a la *altura* de Dios— no sea tan iluso como dicha crítica supone. Pues que espontáneamente demos por sentado que Dios *no es más* que la proyección del hombre —si tópicamente creemos que la fe tan solo obedece a nuestra necesidad de un dios tutelar— quizá sea porque nos hemos vuelto incapaces de Dios, de soportar su ocultación. Puede que haya Dios —de hecho, lo hay, aunque no en el modo de los entes— y que nosotros vivamos como si no lo encontráramos en falta. El relato bíblico de la caída, de hecho, apunta en esta dirección. El hombre existe, al menos de entrada, de espaldas a Dios. Como si no hubiera Dios. Aun cuando se llene la boca con la palabra *Dios*. Sin embargo, aun cuando esto sea así con respecto al hombre natural, lo cierto es que la Modernidad lo acentúa. Es como si los tiempos modernos dotaran de legitimidad a nuestra consustancial falta de piedad.

En este sentido, no es casual que la mayoría de los creyentes entienda hoy en día la historia de la salvación como un modo de hablar que debería poder traducirse al marco conceptual de nuestro tiempo. Ahora bien, quizá de lo que no seamos tan conscientes es de que, al prescindir del relato mítico, difícilmente podremos comprendernos como los personajes de un drama cósmico. Y donde esto último no es posible —si no podemos creer en la iniciativa redentora de un Dios que nos alcanza desde un pasado absoluto—, no hay modo de interiorizar el anuncio cristiano. Es verdad que cristianamente no cabe entender dicha iniciativa como si fuera la de un *deux ex machina*. El Dios cristiano no es aún nadie sin la entrega del hombre, entrega que, por eso mismo, solo es posible sin Dios mediante, esto es, bajo el duro silencio de Dios. Pero, en cualquier caso, no cabe integrar ningún sentido si no podemos tomarnos en serio el relato paradigmático en el que arraiga. Donde dicho relato no resulta creíble en sus propios términos —donde aceptamos que su posible verdad no depende, estrictamente, del relato que la vehiculiza—, más que creer, creeremos que creemos. Pues como dijimos antes, la verdad de Dios, al fin y al cabo, tan solo puede ser contada. Y donde no hay relato en el que creer, no hay modo de incorporar la verdad que pretende transmitirnos. De ahí que la cuestión no sea únicamente a qué factores culturales obedece nuestra actual resistencia al relato cristiano, sino qué nos dice dicha resistencia sobre quiénes somos y si acaso nuestro actual modo de ser no nos inhabilita para la verdad de Dios.

7 EL FIN DEL TEÍSMO

Para el sujeto moderno, un ente superior, en el caso de que existiera, no sería mucho más, aunque tampoco menos, que un ente superior. Como decíamos, si llegáramos a admitir que la historia de la salvación sucedió tal y como nos la cuentan, no por ello nos convertiríamos en creyentes. Probablemente, la entenderíamos como si se nos hubiera dicho que nuestro mundo es el experimento fracasado de una civilización marciana cuyo jefe supremo decidió, tras comprobar su fracaso, enviar al mejor de los suyos para rescatar del desastre a algunos elegidos. Los marcianos serían, sencillamente, aquellos con los que, en virtud de su superioridad, convendría llegar a un acuerdo, algo así como una versión actualizada de los antiguos dioses, pero en modo alguno llegaríamos a situarnos ante el extraterrestre jefe como el creyente ante Dios, al menos porque el Dios ante el que se sitúa el creyente es el Dios que no termina de ser sin la respuesta del hombre a su invocación. Es verdad que algunos hombres quizá vivirían la decisión marciana de poner un punto y final como una oportunidad de ser liberados de este mundo. Es posible que muchos recibieran a los marcianos con los brazos abiertos, pidiéndoles que, por favor, se los llevaran consigo (como, de hecho, podemos ver en una escena de *Independence day*). Sin embargo, algunos no podríamos evitar la impresión de que se trata de una perturbación infantil o una vana ilusión. Pues, suponiendo que el nuevo mundo fuera un remanso de paz, ¿hasta qué punto podríamos soportarlo? ¿En qué medida cabe tolerar un cielo en el que no habría más que dicha? ¿Acaso no se nos mostraría como irreal? Para quien existe por el desprecio de Dios, en el doble sentido del genitivo, la redención no puede consistir en un regreso a la matriz, en un simple dejar de sufrir. La redención o afecta también a Dios —al absolutamente otro que encontramos en falta— o no es mucho más que un asunto interno. En la matriz, estamos solos.

En cierto modo, podríamos decir que la teodramática cristiana ha perdido su fuerza originaria porque el sujeto moderno no es alguien que comprenda su necesidad espiritual, de tenerla, en los términos de una redención. Quizá anhele la plenitud, pero en modo alguno la redención, al menos porque esta última exige un Dios que nos libere, no ya de una determinada situación, sino de nuestra naturaleza o modo de ser. La redención no se comprende si no es en relación con nuestra condición de *caídos* en desgracia. Y nadie hoy en día se toma espontáneamente en serio que vivamos en *pecado*, por emplear el término tradicional. Sencillamente, el Dios del teísmo ha dejado de ser creíble en tanto que resulta incompatible con los presupuestos de la cosmovisión moderna. Como decía Rudolf Bultmann, «no se puede utilizar la luz eléctrica, acudir a clínicas modernas en caso de enfermedad y creer al mismo tiempo en el mundo de los espíritus y los milagros del Nuevo Testamento». Para el sujeto moderno, un Dios concebido a la manera de un ente espectral no sería más, aunque tampoco menos, que un poder con el que tiene que lidiar. Nuestro mundo no es un mundo, ni física ni políticamente, subyugado por un más allá que constituya, en última instancia, la ley moral de lo visible. De ahí que, si formalmente no cabe distinguir entre el ente espectral del teísmo y un marciano, no podamos diferenciar la experiencia religiosa de un dios personal que tutela nuestra existencia, a menudo de un modo desconcertante, de la experiencia pagana de la divinidad, la que da por sentado, precisamente, que nos hallamos en medio de poderes que nos sobrepasan, incluso si añadiéramos que esa divinidad personal, a diferencia de los caprichosos dioses paganos, es algo así como un fantasma bueno. Según decía Dietrich Bonhoeffer, «un Dios que existe, no existe» (o, mejor dicho, no existe como dios). La declaración tan citada en su momento de Karl Rahner sobre Dios, a saber, «que Dios puede y quiere tratar de modo directo con su criatura; que el ser humano puede experimentar cómo tal cosa sucede; y que puede captar el soberano designio de la libertad de Dios sobre su vida», resulta difícil de admitir hoy en día, sobre todo si creemos que se refiere, como posiblemente se refiera, a un padre espectral que, habitando en las alturas, ampara nuestra existencia. Esta dificultad es intrínseca a nuestra condición de hombres y mujeres modernos, aun cuando provoque buenas vibraciones en aquellos que todavía sienten nostalgia del ángel custodio de la infancia.

El sujeto moderno no puede encontrarse naturalmente ante Dios en la posición de la criatura. Y me atrevería a decir que esto es así, no solo con respecto a nuestra situación epocal, sino también en relación con la condición humana. En tanto que arrojado al mundo —en tanto que arrancado—, el hombre vive de espaldas al enteramente otro, aunque explícitamente pueda decirse a sí mismo que es una criatura de

Dios. O aun cuando crea estar frente a su presencia, donde se deja impresionar por lo gigantesco, por aquellas imágenes que expresan, aunque falsificándola, la desmesura propia de una alteridad esencialmente invisible, aquella cuya invisibilidad no es circunstancial, sino la condición misma de nuestro estar en el mundo. De existir como ente, Dios sería a lo sumo un progenitor pero en modo alguno un padre. Para poder reconocerlo como tal, deberíamos comprendernos a nosotros mismos como aquellos que dependen enteramente de Dios. Y bíblicamente depender de Dios es depender de su juicio. Ahora bien, no parece que podamos ya comprendernos de manera espontánea como quien se encuentra *sub iudice*, sobre todo si seguimos dando por supuesto que el Dios que nos juzga es el equivalente del dios supremo del paganismo, cosa que, sin embargo, no puede sostenerse desde el punto de vista del monoteísmo bíblico. El Dios en cuyas manos estamos no tiene otras manos que las nuestras. Dios en verdad no aparece como dios. Bíblicamente, Dios no coincide con nuestras representaciones de Dios, ni siquiera donde estas han dejado de ser antropomórficas. Pero de esto hablaremos más adelante.

8 KARL RAHNER Y LA MÍSTICA

Karl Rahner dijo, hace ya bastantes años, que el cristiano del futuro o será un místico o no será, esto es, o su fe reposará en una experiencia inmediata de Dios o terminará siendo letra muerta. Ahora bien, y dejando a un lado qué pueda significar esto de la experiencia inmediata de Dios, el futuro al que apuntaba Rahner es ya nuestro presente. A menos que vivamos en una burbuja sectaria, no cabe ya ser cristiano por inercia o defecto. La sociedad ha dejado de creer por nosotros. No podemos subirnos al carro cristiano como quien no quiere la cosa. Dios no está en el ambiente, no se da por descontado. El imaginario creyente hace décadas que dejó de ser vinculante. Así, el que no sea posible proclamar la fe en un fantasma bueno sin hacer el ridículo o, en los términos de Bonhoeffer, el hecho de que «Dios, como hipótesis de trabajo, haya sido eliminado y superado moral, política y científicamente», ¿acaso no obliga al creyente a decantarse por el lenguaje de la mística donde se le exige dar razón de su creencia? Más aún, la sospecha moderna, la posibilidad de que la fe tenga que ver antes con nuestra necesidad de amparo que con la supuesta realidad de Dios, ¿no hace inviable que podamos afirmar ingenuamente que nuestra experiencia de Dios es, en realidad, de Dios? De ahí que el problema de la sentencia de Rahner sea que deja en el aire de qué hablamos —o de quién— cuando hablamos de Dios, y en definitiva, si puede haber algo así como una mística de un Dios personal, un Dios al que, sin duda, Rahner no renunciaba.

El que, cuando debatimos acerca de la existencia de Dios, fácilmente zanjemos el asunto diciendo que *para mí* hay Dios, ¿no hace de Dios un supuesto de la subjetividad y, por consiguiente, un Dios que se da en relación con la necesidad religiosa del hombre y no como la *realidad* desde la que el hombre puede comprenderse a sí mismo? ¿Cómo hablar de la presencia de Dios en un mundo que ya no admite la figura de un Dios al que podamos dirigirnos como nos dirigimos a un tú? ¿Acaso la crítica moderna a la superstición no nos fuerza a optar por la divinidad impersonal de las místicas orientales? El que la crisis de la cristiandad sea, en última instancia, la crisis del imaginario religioso y, por consiguiente, la crisis de una comprensión de la historia como historia de la salvación, ¿no nos empujará más bien a una experiencia demasiado íntima de Dios o a un tener que comprenderla bajo un marco conceptual ajeno al cristianismo? Por decirlo con otras palabras, si lo que está en crisis es la idea de la salvación como teodramática —el relato de un Dios que desciende para traer al hombre *de vuelta a casa*—, ¿no deberíamos exponer la experiencia cristiana de Dios con categorías más cercanas a las tradiciones orientales, tal y como defienden tantos hoy en día? Sin embargo, estos intentos de adaptar el kerigma cristiano a nuestros tiempos ¿acaso no suponen que la experiencia de Dios deje de ser cristocéntrica, cosa que Rahner, ciertamente, no quiso decir? ¿Acaso el cristianismo no proclama que la experiencia de Dios pasa inevitablemente por el Crucificado? Si el creyente llegara a dar razón de su esperanza desde los presupuestos de una espiritualidad aconfesional, ¿podría seguir proclamando a Jesús como el Cristo de Dios, como Dios mismo entre los hombres? ¿Acaso no se vería obligado a verlo tan solo como un *hombre de Dios*… entre otros?

La reducción del kerigma cristiano a los términos de un misticismo de trazo grueso supone de algún modo caer en una especie de neopaganismo. Pues no hay diferencia de fondo entre situarse ante la personificación de un poder que ante un poder impersonal. Cambian los odres, pero el vino sigue siendo el mismo. El paganismo, en tanto que religión natural, da por descontado que nos hallamos en medio de fuerzas que nos superan. Y aquí resulta irrelevante si concebimos dichas fuerzas en clave personal o no. En ambos casos, se trata de saber qué hacer al respecto, si es que nuestra supervivencia o, si se prefiere, nuestro bienestar depende de que *la fuerza nos acompañe*. De ahí que, si el credo cristiano tiene un sentido hoy en día —y nosotros creemos que lo tiene, aunque no el que, de entrada, pudiéramos imaginar tras siglos de cristiandad—, tengamos que recuperar dicho sentido a través de una mejor comprensión de lo que en realidad dijeron los primeros cristianos, aunque no fueran conscientes de sus últimas implicaciones, cuando proclamaron que Dios resucitó al Crucificado de entre los muertos para la redención de los hombres. Ahora bien, esta mejor comprensión nos empujará a diferenciar el kerigma cristiano de los presupuestos de la cosmovisión religiosa, *tal y como se diferenció implícitamente en su momento*, cuando menos porque el Dios que se revela en el Gólgota no es homologable a una divinidad que podamos concebir como un ente sobrenatural o, si se prefiere, a la manera de un espíritu que conecta cuanto es. El cristianismo supone una significativa alteración de lo que se entiende religiosamente por Dios. De ahí que, si pensamos el cristianismo como una religión entre otras, estemos forzados a optar o bien entre el fideísmo de quien recita el credo sin saber de lo que está hablando —lo cual está muy cerca de lo sectario—, o bien a tirar la toalla cristiana y admitir que no cabe otra divinidad que la oceánica. Pero el cristianismo no es propiamente una religión o, mejor dicho, no es una religión que pueda comprenderse desde los presupuestos de lo que se entiende habitualmente por religión. El cristianismo es de hecho una *contra-religión*, cuando menos porque el nombre de Dios no es el nombre del poder que hace estallar las montañas o de la fuerza que sostiene el mundo, sino el nombre que no tiene otro referente que el de aquel que fue crucificado como un apestado de Dios, lo cual no significa que Jesús fuera un dios enmascarado de humanidad. Que cristianamente se confiese a Jesús como el quién —el modo de ser— de Dios encuentra su correlato en un Dios que, tras la caída, tenía pendiente, precisamente, su quién; un Dios que aún no era nadie con anterioridad a la entrega incondicional de un crucificado en su nombre. Un Dios que, por haberse separado de su imagen, sufre una crisis de identidad, no es más, aunque tampoco menos, que una voz que clama por el hombre desde más allá de los tiempos.

9   LAS TRAMPAS DE UN CRISTIANISMO ACTUALIZADO (I)

Es innegable, en cualquier caso, que hoy en día el credo cristiano resulta difícil de admitir. Tras el descrédito del imaginario cristiano, no deja de ser un tanto embarazoso proclamar, por ejemplo, que Jesús «está sentado a la derecha del Padre» y que «de nuevo vendrá con gloria para juzgar a vivos y a muertos». Por no hablar de la resurrección de los muertos o del galimatías trinitario que hay detrás de las fórmulas del credo. Si pudiéramos desplazarnos en el tiempo y colarnos entre los discípulos que acompañaban a Jesús de Nazaret por los pueblos de Galilea, puede que viéramos en Jesús a un hombre ejemplar, pero en modo alguno al Hijo de Dios. Al no encontrarnos espontáneamente expuestos a la trascendencia de una divinidad personal, no es posible *ver* en Jesús de Nazaret *al hombre que venía de Dios*, aun cuando, sin duda, podamos todavía suponerlo como quien supone que hay unicornios. La reducción de Jesús de Nazaret a un hombre admirable o ejemplar obedece, por tanto, a nuestra actual dificultad con una divinidad que permanece en la alturas a la espera del ascenso del hombre. Sin embargo, y contra lo que inicialmente podamos suponer, el rechazo moderno del teísmo cristiano arraiga, en última instancia, en la dogmática cristológica. O por decirlo con otras palabras, nuestra resistencia al dios que se presenta como un ente espectral procede, aunque no solo, de un kerigma para el que no hay Dios al margen de su identificación con un crucificado. El modo de ser de Dios no está determinado con anterioridad a la reconciliación entre Dios y el hombre, la cual, según el cristianismo, tuvo lugar sobre un cadalso. Que esta afirmación nos resulte sorprendente tiene que ver con la deformación del kerigma tras dos mil años de cristiandad, deformación que ha llevado a que el cristianismo se entienda, equivocadamente, como una religión entre otras. De ahí que hoy en día siga habiendo cristianos que creen que es posible relacionarse con Dios como si no se hubiera reconocido en un crucificado —como si Jesús fuese únicamente el hombre que ilustra, incluso suponemos que a la perfección, el modo de ser de Dios. Pero, desde la óptica de la dogmática cristológica, Jesús no fue el hombre que representó la bondad paradigmática de Dios, sino el modo de ser de Dios, esto es, Dios en persona, lo cual, sin embargo, no significa que fuese un dios con aspecto humano. Esto no deja de ser un escándalo para quien sepa qué significó en su origen la palabra *Dios*. Pues originariamente la distancia entre un dios y el hombre es análoga a la que media entre el hombre y un ácaro del polvo. La encarnación es, sencillamente, inaceptable para quien parta de la concepción religiosa de Dios. Al proclamar que Dios se hizo hombre, el cristianismo no dice que Jesús fuera el hombre en el que Dios decidió habitar o el revestimiento humano de un dios que quiso pasearse por la tierra, sino que el Crucificado fue aquel hombre en el que Dios se reconoció como tal. Dios, cristianamente hablando, solo llega a ser el que es en el centro de la historia.

Ahora bien, el que cristianamente Dios no pueda darse como Dios, con independencia de su identificación con aquel que murió como un maldito de Dios, implica un Dios que va en busca del hombre para la redención del hombre. Esto es, no hay cristianismo que valga donde no cabe hablar de un Dios que toma la iniciativa. Sin embargo, ¿acaso esto no supone de algún modo volver al *deus ex machina* del mito? ¿Cómo hablar de la iniciativa de un Dios que tuvo pendiente su modo de ser con anterioridad al Gólgota? Ciertamente, nos equivocamos cuando entendemos esta iniciativa como si fuera la de una divinidad al uso. Pues la iniciativa de Dios es, bíblicamente, el clamor de Dios, un clamor que se expresa a través de los que, despojados incluso de Dios, claman por Dios. La iniciativa de Dios es, así, la invocación de Dios, aquella que escuchamos en el lamento de los que no parece que cuenten para Dios. Tan solo desde esta óptica cabe comprender el carácter paradójico de un Dios que, no siendo aún nadie, desciende a por el hombre para llegar a ser el que es. Y esto, si lo pensamos bien, resulta inadmisible, no solo para aquellos que abjuraron del mito, sino también para quienes aún creen que Dios habita como una especie de *superman* espectral más allá de lo visible.

En cualquier caso, de no partir de la iniciativa de Dios, y no parece que hoy en día podamos partir de ahí sin caer de nuevo en la superstición, Jesús no podrá ser concebido religiosamente más que como aquel que muestra, entre otros, la bondad sin resquicio de la divinidad, se entienda esta última como se entienda, o a lo sumo como un hombre admirable, como lo fueron también Sócrates o Buda. El Dios cristiano no es un paradigma al que podamos ajustarnos en mayor o menor medida o de cuya potencia podamos participar, sino un Dios con el que no contábamos, esto es, un Dios que tuvo que revelarse como Dios. La revelación de Dios va con el carácter religiosamente inaceptable del Dios que se revela. Nadie que parta de lo que religiosamente se entiende por divino puede aceptar como quien no quiere la cosa que Dios sea en verdad aquel que colgó de una cruz como despojo humano. Pues esto se halla muy cerca de decir que no hay Dios. Si el Dios cristiano es un *novum absoluto* es porque Jesús en la cruz se topa, por decirlo así, con la *huida hacia adelante* —propiamente hacia el futuro del hombre— de un Dios que tenía pendiente su quién, cosa ciertamente difícil de admitir tanto hoy en día como antiguamente. Un Dios que *no quiere ni puede ser* sin el hombre en modo alguno podrá comprenderse como una divinidad al uso. En este sentido, nuestra moderna dificultad quizá no sea tan moderna como suponemos, aun cuando, sin duda, la Modernidad le añada algunas notas a pie de página a la antigua dificultad. Pero, en tanto que sigue siendo una dificultad, no debería sorprendernos que algunos se ocupen, con la mejor de las intenciones, de traducir el kerigma cristiano a fórmulas que modernamente podamos asimilar. Ahora bien, la pregunta es si al traducirlo no estarán tomando un texto equivocado, a saber, la reescritura del texto original que hizo la cristiandad durante los últimos dos mil años.

10 LAS TRAMPAS DE UN CRISTIANISMO ACTUALIZADO (Y 2)

Teniendo en cuenta que no podemos evitar pensar la creencia en la iniciativa de Dios como superstición, los intentos de traducir el credo cristiano a categorías que podamos digerir con facilidad tienen hoy por hoy las de ganar. Sobre todo si estas categorías poseen un sello oriental. Al menos porque Oriente tradicionalmente ha experimentado, y no sin buenos motivos, una fuerte aversión hacia las imágenes antropomórficas de Dios. De este modo, quienes se sienten preocupados por el legado cristiano, desde los discípulos de Bultmann hasta más recientemente John Hick o Paul F. Knitter, pretenden, con la mejor voluntad, aislar el kerigma de su residuo mítico, como si los primeros cristianos en el fondo hubieran querido decir lo que actualmente aún podemos afirmar, aunque sea con la boca pequeña, acerca de un Dios que se encarnó en Jesús de Nazaret. Como si tan solo fuera cuestión de poner al día la experiencia de Dios que tuvieron las primeras generaciones de cristianos, traduciendo a nuestros esquemas conceptuales el lenguaje con el que inicialmente se formuló.

El problema, sin embargo, de la traducción es que fácilmente tira al niño con el agua sucia, como dicen los ingleses. Si es cierto que hay una ruptura epistemológica entre el sujeto creyente y el de la Modernidad, entonces no cabe algo así como una traducción del kerigma cristiano. De ser honesta, esta traducción tendría que ser consciente de lo que se pierde por el camino, de lo que ya no puede ser dicho dentro de los nuevos esquemas conceptuales y, con todo, debería poder ser dicho si se pretende seguir siendo fiel al kerigma. Lo que no vale es creer que se está diciendo lo mismo, aunque de otro modo, cuando lo cierto es que no. Obviamente, dicha ruptura epistemológica entre el creyente y el sujeto de la Modernidad no supone una diferencia en lo que respecta a su humanidad, pero sí con respecto a cómo se comprenden a sí mismos frente a lo que de algún modo los supera. Pues mientras que el primero se sitúa espontáneamente ante la extrema trascendencia de un Dios en falta, y por eso mismo la padece, el segundo, de entrada, tan solo posee una creencia sobre Dios, en el caso de tenerla, la cual se encuentra, por otro lado, bajo sospecha. Y si esto es así —que lo es—, entonces no hay adaptación que valga para quien únicamente se preocupa de confirmar su idea sobre Dios. Quien parte de la certeza de sí no puede salir de los límites de la conciencia. Para el sujeto de la Modernidad, no hay Dios, sino en cualquier caso creencias o representaciones mentales acerca de Dios… que algunos consideran verdaderas y otros no. La verdad de Dios ya no es aquella verdad a la que nos encontramos inicialmente expuestos, aun cuando podamos vivir de espaldas a Dios, sino el correlato de la creencia que suponemos verdadera, por las razones o motivos que sean. No es exactamente lo mismo. Quien se interroga sobre el valor de verdad de sus representaciones del mundo difícilmente podrá desprenderse de la sospecha de la que parte. No se trata simplemente de que ambos posean opiniones dispares sobre el asunto de Dios, sino que en el primer caso se parte de una experiencia inmediata de lo santo o inconmensurable, mientras que, en el segundo, de una creencia o representación de lo santo. Dios en verdad no se piensa, sino que se padece, en el sentido literal de la expresión. Bíblicamente, tan solo es posible pensar a Dios desde un padecer la altura de Dios. Quizá por eso, la teología bíblica, más que centrarse en la naturaleza de Dios, cosa por otra parte imposible, apunta a nuestra situación con respecto a un Dios cuya trascendencia es la propia de una ausencia. De ahí que, a diferencia de quien simplemente niega que haya Dios, el creyente permanezca a la espera de Dios.

Al reflexionar sobre la pretensión de verdad de sus creencias, el sujeto moderno no puede evitar quedarse encerrado dentro de un mundo que podría ser perfectamente virtual. Desde los presupuestos epistemológicos de la Modernidad no es posible situarse espontáneamente ante Dios, y menos ante un Dios al que podemos dirigirnos como a un tú. Por definición, un creyente no es alguien que tan solo supone que hay Dios como otros puedan suponer que hay extraterrestres en Venus, sino aquel que se encuentra sometido a la realidad personal de Dios. Es precisamente esto último lo que el sujeto moderno no puede aceptar como quien acepta, pongamos por caso, la fuerza de la gravedad (y no solo porque ello implique, o crea que implique, una merma de su libertad). La experiencia a flor de piel de una realidad numinosa es reducida modernamente a una representación mental en la que se cree, una creencia que remite antes que nada al sujeto de esta y no a su posible correlato objetivo, el cual permanece, nunca mejor dicho, en el aire. Pero creer en la creencia no es lo mismo que hallarse en la creencia. Quien se halla en la creencia no supone, sino que, antes que nada, confía. Por eso mismo el sujeto moderno, aun cuando crea creer, *no puede* creer como el viejo creyente. Al menos mientras siga enfrentándose al mundo desde los presupuestos epistemológicos de la Modernidad. Los esclavos de Egipto que cruzaron el mar Rojo tuvieron una experiencia de Dios. Sin embargo, para el sujeto moderno, más que tenerla, creyeron que la habían tenido, lo cual no es estrictamente lo mismo. Dios ya no se encuentra en el ambiente. De entrada, no hay Dios. O como suele decirse, Dios ha muerto (y continúa muerto donde tan solo cabe afirmarlo como el supuesto de la subjetividad creyente). Ni siquiera quienes actualmente dicen tener fe experimentan en lo más íntimo un cierto temblor de piernas ante la posibilidad de la condenación. Y sin temblor de piernas no parece que pueda haber fe. Nadie diría que creemos en la existencia de vampiros, pongamos por caso, si aun cuando explicitásemos nuestra creencia, no fuéramos con una estaca en la mochila o una ristra de ajos en medio de la noche.

II LA MUERTE DE DIOS Y EL POSTHUMANISMO

La sentencia de Nietzsche sobre la muerte de Dios suele, por lo común, interpretarse desde el prisma de la crítica ilustrada a la superstición religiosa. Sin embargo, Nietzsche no es Hume o Voltaire. Nietzsche no dice que ahora nos hemos dado cuenta de que Dios no existe, como en su momento nos dimos cuenta de que los Reyes Magos eran los padres. Tan solo lo que ha estado vivo puede morir. De ahí que se sorprendiera de cómo nos habíamos podido *beber el mar*, mostrando con ello una mayor lucidez que la de acaso sus imitadores. Evidentemente, la declaración de Nietzsche, leída correctamente, supone un determinado compromiso epistemológico. Como sabemos, para Nietzsche no hay algo así como hechos puros y duros. No hay un saber neutral, sino interpretaciones. O mejor dicho, los hechos siempre se nos muestran desde la óptica de los prejuicios que configuran una determinada cosmovisión, prejuicios que reflejan, en último término, un interés o voluntad de dominio. Vemos las cosas tal y como nos interesa verlas. Ver es, en cualquier caso, un ver como. No hay visión que no esté cargada de un cierto saber. Así, desde los presupuestos del dominio técnico del mundo, las cosas no *pueden* aparecer como sagradas o intocables. En cualquier caso, el carácter sagrado de, pongamos por caso, una montaña, no reside en la montaña, sino en aquel que necesita verla como sagrada. En este sentido, no hay ni bien ni mal, sino siempre una lectura moral de los hechos. Por consiguiente, según Nietzsche, hubo dioses en la Antigüedad como hoy en día *hay* dinero, pongamos por caso, aunque desde la óptica de la cultura del trueque lo que nosotros vemos como dinero no sea más que un trozo de papel… al que nosotros le damos un valor que, como tal, no posee. Sin embargo, la visión de los que pertenecen a dicha cultura no está más cerca de la verdad de los hechos que la nuestra. En definitiva, Nietzsche nos está diciendo que hubo Dios, pero que ya no puede haberlo para nosotros. Ciertamente, puede que alguien diga que cree. Pero más bien creerá que cree, como indicábamos antes. Nadie hoy en día puede hallarse espontáneamente sometido al Dios en quien dice creer.

Sin embargo, Nietzsche también dejó escrito que el hombre no puede prescindir como quien no quiere la cosa de su fe en la divinidad. Que el ateísmo es lo más difícil. Quien cree haberse desembarazado del Dios cristiano solo tiene que preguntarse qué dios ha puesto en su lugar. Es cierto que el hombre no puede soportar demasiada verdad. Pero tampoco un mundo sin sentido. De ahí que Nietzsche dijera que donde muere Dios, muere también el hombre. Una cosa va con la otra. Nietzsche se consideraba a sí mismo como el profeta de una nueva época. No creía estar manifestando simplemente su opinión. La sentencia sobre la muerte de Dios no deja de ser un diagnóstico epocal. La muerte de Dios conduce en realidad a la superación de lo humano. Como es sabido, la figura del *Übermensch*, un trasunto del hombre noble, en el sentido nietzscheano de la expresión, se sitúa más allá del bien y del mal, aunque no de lo bueno o lo malo, en su sentido más natural. Esto es, más allá de cualquier fundamento trascendente del valor. O por decirlo con otras palabras, el *Übermensch* no se encuentra a sí mismo *sub iudice*. Ninguna mirada lo juzga. Como si fuera invisible. Su existencia no atiende a otra lógica que la de la voluntad de poder. Para el *Übermensch* lo bueno es, sencillamente, lo que lo hace más fuerte, mientras que lo malo es lo que lo debilita. Ahora bien, más allá de los arrebatos poéticos de Nietzsche, vale la pena tener en cuenta su diagnóstico. Pues el principio de nuestra civilización técnica es, de hecho, el de *si es posible, debe hacerse*. Por tanto, si cabe modificar nuestro código genético, entonces tarde o temprano terminaremos modificándolo. Si es posible alterar químicamente las sinapsis cerebrales de tal modo que lleguemos a ver la inteligencia de Einstein como la de un simio, podemos apostar a que se alterarán. No hay Dios —no hay límite moral— que impida que la humanidad dé un paso al frente. Y es que Dios y tabú van de la mano. Ciertamente, seguirá habiendo quienes se negarán, por *temor de Dios*, como quien dice, a dar dicho paso. Como hay médicos que se niegan a practicar un aborto. Pero ya no hay *temor de Dios* que afecte a la humanidad.

Con todo, siempre podremos preguntarnos hasta qué punto este paso al frente no es de hecho un paso atrás. El *Übermensch*, sin duda, se ha liberado del mandato de Dios.

Pero al precio de estar sujeto al imperativo de la voluntad de poder. Podríamos decir que el hombre actualmente ha reemplazado su estar sometido a la voluntad de Dios, en relación con la cual *no todo lo posible debe hacerse*, por aquella que le exige realizar cuanto sea posible llevar a cabo. El sujeto de la civilización técnica no deja de ser el títere de una divinidad sin rostro (y, por eso mismo, implacable). Solo que cree que no se trata de ningún Dios, sino del progreso. No es casual que Fausto tuviera que entregar su alma para lograr la inmortalidad. El progreso posee un lado, literalmente, diabólico. El *Übermensch* es un Frankenstein, una criatura incapaz de percibir el misterio del absolutamente otro. Sin duda ve que hay otros cuerpos. Pero difícilmente caerá en la cuenta de que si hay alteridad es porque el otro, como tal, siempre queda fuera de nuestro alcance (y, para la voluntad de poder, no hay nada que sea intrínsecamente inalcanzable). El otro es un resto, lo que queda del otro donde nos hemos apropiado, y a veces sin piedad, de su cuerpo. En último término, una demanda, una acusación, aunque también, o por eso mismo, una promesa. Para el sujeto de la civilización técnica no hay alteridad que valga. El otro, como decía Emmanuel Levinas, se nos revela a través del imperativo del *no matarás*. El otro, más que indigesto, es incomestible. No es anecdótico que Lou Andreas-Salomé dijera que Nietzsche fue el profeta de una humanidad sin prójimo. Probablemente mientras el hombre siga siendo un extraño para sí mismo, y no tan solo una pieza del engranaje del poder, seguirá habiendo profundidad o, si se prefiere, espíritu. Al menos, porque nadie termina de encontrarse donde está. Para el yo, el todo no es el todo. No puede serlo. Sin embargo, el hombre se empobrece donde se queda sin un lenguaje con el que, al menos, apuntar a lo en verdad trascendente. Sencillamente, la vida del espíritu se pone cuesta arriba —más de lo habitual— donde damos por descontado que no hay más que cuanto podamos ver y tocar, o mejor dicho, donde nos volvemos insensibles a la naturaleza dialéctica de lo real, al hecho de que algo aparece en tanto que su carácter otro o real desaparece del campo de visión.

Por otro lado, y esto no es secundario, Nietzsche no se limitó a proclamar la muerte Dios. Como también es sabido, Nietzsche dijo que nosotros lo habíamos matado. Para comprender esto último, más allá de la retórica, conviene tener presente que Nietzsche no daba puntada sin hilo. Nietzsche poseía una sólida formación teológica. De ahí que fuera muy consciente de que la declaración de la muerte de Dios es, en último término, una declaración cristiana. Fue Tertuliano el primero que se atrevió a decir que Dios murió en la cruz, aunque probablemente Nietzsche tuviera más en mente a Lutero y su *theologia crucis*. En cualquier caso, Nietzsche fue más consciente que muchos cristianos del carácter inaceptable del kerigma para quien sabe qué significa originariamente la palabra *Dios*. De hecho, su crítica al cristianismo, como viera Karl Löwith, es casi un calco de la que dirigió Celso en su panfleto contra los cristianos. Sencillamente, un Dios no puede morir, y menos de manera abyecta. Quien confiesa esto último no sabe de lo que está hablando cuando habla de Dios. El kerigma cristiano supone una mutación de lo que se entiende religiosamente por Dios y, por eso mismo, según Nietzsche, constituye el origen del ateísmo contemporáneo. Pues solo hace falta que el hombre deje de dar por descontado que se encuentra ante Dios para que la confesión cristiana diga lo que inicialmente no quiso decir, a saber, que la cruz demuestra que no hay Dios. Cristianamente, Dios no tiene otro rostro que el de un crucificado. Sin embargo, modernamente resulta tentador interpretar la confesión cristiana como si al fin y al cabo nos quisiera dar a entender que *en vez* de Dios tenemos a un hombre que muere como un abandonado de Dios. Podríamos decir que Nietzsche se limita a extraer las últimas consecuencias del kerigma donde el hombre ya no se comprende a sí mismo cabe Dios, por no decir donde el hombre ya no sabe qué hacer con los relatos de la resurrección, salvo malinterpretarlos. En lugar de Dios, solo un hombre, acaso admirable, pero que se equivocó al pensar que había un Dios de su parte. En este sentido, la cruz revelaría sencillamente que no hay Dios, sobre todo si no somos capaces de evitar entender la resurrección como esa superstición que ya no podemos tomarnos en serio. Nadie puede ser cristiano por defecto hoy en día, salvo mala fe. De ahí que actualmente debamos leer de nuevo el «Discurso del loco» y preguntarnos bajo qué situación es todavía posible una experiencia cristiana de Dios. Y en el caso de que lo fuera, por medio de qué lenguaje cabría transmitirla. Sin embargo, teniendo en cuenta que lenguaje y experiencia van de la mano, la cuestión sería si es posible hoy en día seguir confesando lo que confesaron los primeros cristianos sin haber depurado previamente el kerigma originario de su residuo mítico. O si, por el contrario, únicamente tendríamos que intentar comprenderlo mejor. La cuestión tiene su qué. Pues, contra el proyecto de Bultmann y sus discípulos, es posible que un cristianismo despojado de mito quede reducido a mero compromiso moral o también a una espiritualidad en la que Jesús es tan solo la excusa. Y es que quizá lo que hayamos perdido de vista tras dos mil años de cristiandad es que la proclamación de Jesús como el quién de Dios es el antimito por excelencia. Cuando menos porque solo es posible confesarlo donde, tras la caída y con anterioridad a la cruz, Dios era un Dios que tenía pendiente su quién. Un Dios que aún no es nadie sin el *fiat* del hombre —un Dios que se manifiesta como la voz que clama por el hombre— no es, precisamente, un Dios que podamos dar míticamente por descontado.

12 LENGUAJE Y EXPERIENCIA

La intención de aislar la pureza del kerigma de su residuo mítico encuentra su límite en la íntima conexión entre lenguaje y experiencia. El lenguaje del kerigma originario no es simplemente un modo de hablar, una forma de condensar una experiencia cuyo núcleo permanece inalterable por debajo de sus expresiones. Como si fuera posible acceder a dicho nucelo desde otros lenguajes o sensibilidades. La experiencia que hay detrás del kerigma no es independiente del entramado de afirmaciones y metáforas con el que inicialmente se formula. Si el cristianismo mantiene el vínculo con la Torá es porque el punto de partida de la fe cristiana es un encontrarse ante un Dios en falta. Desde el punto de vista del monoteísmo bíblico, la trascendencia de Dios es extrema, hasta el punto de hacer tambalear la esperanza de los hombres. Para Israel, de Dios tan solo tenemos, por decirlo así, el don de la vida y el mandato de preservarla contra la impiedad (aunque también la esperanza, y quizá sobre todo). No hay otra presencia para Dios —no hay otro presente— que la de su testamento, en el sentido casi forense de la palabra.

Ahora bien, esto podemos decirlo así, tal y como acabamos de hacerlo, o también contarlo. No estamos simplemente ante opciones meramente formales. La diferencia afecta no tanto a lo dicho como al modo en que nos situamos ante lo dicho. No nos alcanza por igual el mito que la expresión abstracta de su verdad. El mito nos abre a la posibilidad de incorporar la verdad a la que apunta. Por ejemplo, no terminamos de saber lo que es el amor entre un hombre y una mujer hasta que no se nos cuenta una historia de amor ejemplar, lo cual no quiere decir *a la Hollywood*. Podemos, sin duda, decir que el amor es el encuentro de los amantes, su entrega o disposición a sacrificarse por el otro. Pero que lo podamos decir sobre el papel *in abstracto* no basta para anticipar la experiencia. De igual modo, podemos hablar del Dios de Israel diciendo que es un Dios que se revela como un Dios en falta. O que estamos en el mundo como los que fuimos arrancados del enteramente otro. O también que, desde nuestro lado, no podemos ir más allá de lo que el otro nos parece que es. Pero esto por sí solo quizá conmueva nuestro ánimo, pero no provoca la adhesión del cuerpo, por decirlo así. En cualquier caso, quizás comprenderemos que la desaparición de Dios es la condición de nuestro estar en el mundo o incluso podremos sufrir su falta hasta arrancarnos la piel, pero sin relato difícilmente llegaremos a invocar al Dios que dio un paso atrás. El sufrimiento nos dejará mudos o acaso con una invocación que tiene más de reacción infantil que de invocación propiamente dicha. Para que el creyente pueda dirigirse a Dios sepultado por el silencio de Dios, es necesario que la verdad acerca de Dios se desprenda de un relato… que pueda tomarse en serio. No es casual que Israel al pie del Sinaí, una vez le fueron entregadas las tablas de la Ley, respondiera diciendo «primero obedeceremos y luego comprenderemos» (Ex 24,7). Pues lo que constituye la posición creyente es un encontrarse referido en cuerpo y alma a la efectiva alteridad de Dios, no al concepto de su extrema alteridad. Sin relato —sin mito— es difícil que podamos estar ante el Dios vivo. Si Israel, en medio de sus sufrimientos, aún fue capaz de dirigirse a Dios, es porque el mito acerca de los orígenes nunca fue puesto en cuestión. La invisibilidad de Dios no conduce a la invocación de Dios donde no es posible creer que Dios, tras la caída, retrocedió hasta un pasado inmemorial. Si Dios es el quién que tuvo pendiente su modo de ser hasta su reconciliación con el hombre, entonces el carácter esencialmente invisible de Dios no es algo que tan solo captemos a través de la especulación. Esta, a lo sumo, confirma una ausencia de entrada sufrida. La verdad de Dios tan solo nos alcanza donde es contada. El mito bíblico no pretende en último término describir lo que sucedió *in illo tempore*. Nadie estuvo ahí para verlo. Su propósito, al menos implícito, es otro, a saber, el de hacer posible la incorporación de la verdad de Dios y, en definitiva, la transformación de la sensibilidad. No es casual que la crítica profética no afecte a los mitos fundamentales de Israel, sino a las imágenes con las que Israel intentó cubrir, precisamente, la falta de imágenes de Dios en el mito fundamental. El desprestigio actual de los relatos bíblicos tiene que ver, sobre todo, con que nos hemos vuelto incapaces de entender el carácter *realista* del mito de la caída. Es muy posible que quienes concibieron el mito de la caída dieran por sentado que las cosas de hecho no pasaron tal y como se nos cuentan. Aquí deberíamos tener presente que, en la Antigüedad, la elaboración de mitos procedía intertextualmente, por decirlo así. Dejando a un lado la cuestión del origen del primer mito —el *ur-mito*—, los mitos que conocemos son por lo común variaciones de un mito anterior. La pregunta que debemos hacernos a la hora de leer el mito bíblico es, por tanto, cuál es su valor diferencial, qué vuelta de tuerca o giro lleva a cabo con respecto a los mitos de los que parte o tiene en cuenta. Así, nuestra incapacidad para el mito bíblico se traduce en nuestra incapacidad de incorporar que cuanto sucede o simplemente pasa obedece a una pérdida originaria o fundamental; al fin y al cabo, a la privación del absolutamente otro. Donde tan solo cabe comprender, veremos que hay verdad, pero también que no la hay para nosotros.

Y este es el problema al que nos enfrentamos hoy en día a la hora de intentar actualizar el kerigma originario. Que no basta con traducir el mensaje a categorías que podamos actualmente comprender. No podemos desembarazarnos del mito como quien no quiere la cosa sin pagar un alto precio. Teológicamente podemos aislar el contenido del kerigma de su expresión simbólica, aunque no sin dificultad. Pues para hacerlo hay que saber leer, aunque no solo porque el kerigma admita diferentes acentos, los cuales no siempre apuntan en la misma dirección. De lo contrario corremos el riesgo de hacerles decir a los textos lo que en modo alguno dicen. Pero, en cualquier caso, con la mera comprensión del kerigma no habremos llegado a la fe. No es casual que el símbolo cristiano sea, precisamente, un símbolo y no un catecismo escolar, con sus preguntas y respuestas. La narración está inserta en la misma confesión de fe. De ahí que de entrada se trate de comprender mejor qué dicen los textos bíblicos, incluso mejor, de cómo llegaron a entenderlos sus autores. Un autor nunca es consciente hasta el final de las implicaciones de lo que afirma.

Donde únicamente comprendemos mejor no vamos más lejos de una fenomenología de la religión. Es necesario también que podamos tomarnos en serio el mito fundamental. Sin duda, acaso podamos comprender cuáles son las últimas connotaciones del kerigma. Sin embargo, la cuestión es hasta qué punto, donde el mito bíblico ha perdido su poder de penetración, podemos aún incorporar su verdad. De no ser espontáneamente posible, y no parece que hoy en día lo sea, acaso tan solo podamos incorporarla a lo bruto, esto es, bajo un cielo de plomo en el que ni siquiera cabe suponer que haya un Dios. En este sentido, el mito debería entenderse como el modo de integrar en el centro del mundo la verdad que tan solo se nos revela en sus límites. Es como cuando vemos *Shoah* de Claude Lanzmann. Que podemos participar de lo que supuso sobrevivir a un campo de exterminio sin haber estado allí. La situación del cristiano actual sería análoga, por tanto, a la de aquellos que ya no pudieran tomarse en serio el documental de Claude Lanzmann. El único modo de que pudieran interiorizar la verdad que se nos muestra a lo largo de sus nueve horas sería que vivieran en carne propia lo que sus protagonistas vivieron. Y, desde ahí, recuperar el relato fundacional.

13 LA EXPERIENCIA DE DIOS COMO EXPERIENCIA *DE* DIOS

En cualquier caso, si es posible aún confesar lo que los primeros cristianos confesaron —y dejando al margen la cuestión de bajo qué situaciones— es porque, en tanto que se da como revelación, la experiencia de Dios, en el doble sentido

del genitivo, desborda el lenguaje que inicialmente la configura. La experiencia de Dios es incompleta donde no se
comprende al mismo tiempo como experiencia *de* Dios. En
la cima del Gólgota, la experiencia de Dios por parte del
hombre es la experiencia del hombre por parte de Dios. En
el fondo, el credo cristiano no proclama otra cosa que esto
último. Ahora bien, precisamente porque la experiencia de
Dios es también *de* Dios, el kerigma dice más de lo que los
primeros cristianos probablemente quisieron transmitirnos.
Pues la experiencia *de* Dios, por decirlo así, no se deja asimilar hasta el final. Una y otra vez, intentamos comprenderla
en los términos de nuestra experiencia de Dios. De ahí que
los primeros cristianos estuvieran más centrados en comuni-
car *su* experiencia que en intentar articular la intuición, ya
presente desde el inicio, de que la experiencia del hombre de
la realidad de Dios es indisociable de la que adquiere Dios,
por decirlo así, al asumir hasta el final la realidad corporal
del hombre. O mejor dicho, al reconocerse en un hombre
que muere como un apestado de Dios.

Por eso mismo, el kerigma cristiano desborda el marco
de la religión que lo hace posible, convirtiéndose literalmente en católico, esto es, universal. Y no solo en un sentido sincrónico, sino también diacrónico. Si aún podemos
proclamar lo que proclamaron las primeras generaciones de
cristianos es porque lo que proclamaron, precisamente, va
más allá de lo que *podían* proclamar. Esto es, si el cristiano,
tanto actual como antiguamente, siempre dice más de lo
que es capaz de decir en un momento dado, es porque su
confesión no deja de ser la respuesta a la entrega de Dios.
La experiencia de la revelación, al fin y al cabo, es la experiencia de lo que, habiendo tenido lugar, no podemos

acabar de integrar o admitir desde una sensibilidad tópicamente religiosa, en la cual no tiene cabida un Dios que no es aún nadie sin la respuesta incondicional del hombre. El misterio de Dios es el misterio de un Dios que va en busca del hombre para llegar a ser el que es. Pues que estemos originariamente sujetos a una alteridad en falta es algo que no cabe demostrar. Se trata sencillamente del *factum* de la existencia. Evidentemente, la posibilidad de asumir textos que nos quedan bastante lejos en su expresión más literal pasa porque nos comprendamos como aquellos que están esencialmente referidos a la alteridad de Dios y, en último término, a su iniciativa. Esto es, pasa porque nos situemos en la estela de Israel. No hay traducción que valga entre el núcleo del kerigma cristiano y el budismo, el hinduismo o incluso el islam. A lo sumo, habrá un cierto aire de familia con respecto a la cuestión de las cosas últimas. Pero no es lo mismo, pongamos por caso, la compasión budista que la cristiana, aunque sus efectos terapéuticos puedan ser idénticos. La compasión cristiana es una respuesta a la compasión de Dios. No me atrevería a decirlo en el caso de la budista. Por muy admirable que sea. Decir que la compasión emerge del fondo de nuestras entrañas tras la purificación de la mente no es igual que decir que nace de un haber sido previamente perdonados por aquel que en nombre de Dios colgó de una cruz.

El *plus* del kerigma se da, por consiguiente, en contraste con los hechos que podemos admitir desde un determinado marco cultural. Por ejemplo, resulta indiscutible que la resurrección para sus testigos no fue solo una interpretación de la cruz, sino un dato, aunque un dato que tan solo puede mostrarse como tal dentro de los esquemas mentales del

judaísmo apocalíptico. Aun cuando nadie estaba presente
en el instante en que Dios levantó al Crucificado de entre
los muertos, para los primeros cristianos hubo resurrección
y no únicamente un *como si* Jesús hubiera resucitado. Ahora
bien, la proclamación del Crucificado como el modo de ser
de Dios —como el hombre con el que Dios se identifica y,
por eso mismo, llega a ser el que es— desborda el horizonte de los hechos. Que el Crucificado sea Dios en persona
no se deriva directamente de las apariciones del Resucitado.
De hecho, fueron necesarios cuatro siglos para que el kerigma inicial, el cual aún se inscribía dentro de los márgenes
del judaísmo, terminase articulándose como la dogmática
cristológica que conocemos. Aun cuando la semilla de la
dogmática había sido ya plantada, sobre todo por el cuarto
evangelio, los primeros cristianos no se atrevían a decir que
el Hijo de Dios era Dios mismo en persona o, mejor dicho,
en la persona del Hijo. Aun cuando el culto a Jesús se impu-
so tempranamente, según defienden hoy en día los exegetas,
no parece que las primeras comunidades cristianas quisieran
decirnos que Dios no es aún nadie al margen de su reconocerse en el Crucificado (aun cuando fuera esto lo que, en última instancia, estaban diciendo). Con todo, lo cierto es que de
no haber habido apariciones tampoco hubiera sido posible
confesar al Crucificado como el quién de Dios. El kerigma
inicial se sostiene sobre el acontecimiento de la resurrección.
Nos guste o no. De ahí no se desprende, sin embargo, que
aún podamos seguir proclamando como quien no quiere la
cosa que Dios levantó al Crucificado de entre los muertos.
Pero una cosa no quita la otra. Podríamos decir que el kerigma cristiano nace de la intersección entre los relatos de
la resurrección y la convicción judía de que Dios, al quedar

escindido de su criatura, era un Dios que tenía pendiente su quién, convicción que, no obstante, coexistió en los primeros tiempos del cristianismo con una lectura religiosa de la relación del hombre con Dios, lectura en la que el modo de ser de Dios se encuentra por defecto determinado de antemano.

Aquí podríamos tener en cuenta la tesis de Jan Assmann acerca de la existencia, dentro de cada religión, de dos niveles de experiencia: una esotérica, propia de las elites intelectuales, y otra exotérica o popular, más ligada a las imágenes. Toda religión es una *religio duplex*, según Assmann. Y no parece que le falte razón. Ciertamente, no me atrevería a decir que el monoteísmo de Israel, con anterioridad a la cábala, distinga entre ambas dimensiones con claridad. De hecho, la *Shemá*, algo así como el credo portátil del judaísmo, ya es de por sí lo suficientemente esotérica dentro de un contexto pagano como para encima andar con distingos. Pero no deja de ser igualmente cierto que el monoteísmo de Israel, desde su aparición tras la destrucción del Primer Templo, algo así como la primera Shoah, siempre tuvo que lidiar con la tendencia a hacerse una imagen de Dios. Desde la óptica de la religión popular, Dios en modo alguno tiene pendiente su quién. Sin duda, en Israel nadie hubiese aceptado que Yahvé fuera homologable a los dioses del entorno, los cuales por defecto no eran dignos de culto. Pero no siempre se entendió del mismo modo el carácter no homologable de Yahvé. Popularmente, el monoteísmo de Israel siempre fue más una monolatría que un estricto monoteísmo. La monolatría supone, por definición, el culto a una única divinidad, mientras que el monoteísmo no soporta que haya otro Dios que el que no aparece como dios. Desde la óptica de Israel, la idea de que la radical alteridad de Dios apunta a un Dios

que tenía pendiente su quién arraiga, por un lado, en el relato de la caída y, por otro, en la teología del nombre de Dios,
según la cual, dentro del presente histórico, de Dios no poseemos más que el nombre, y un nombre, por otra parte,
impronunciable. Estrictamente, para Israel no hay concepto
de Dios. Según el monoteísmo bíblico, Dios es aquel enteramente otro que, habiendo quedado separado de su imagen,
clama por la reconciliación. Desde el punto de vista de Israel,
Dios tan solo se revela como promesa *de* Dios. Ahora bien,
para comprender el vínculo entre la trascendencia de Dios
y su crisis de identidad, por decirlo así, hace falta leer entre
líneas, cosa que no se le puede exigir a un pueblo analfabeto.

Por tanto, la posibilidad de que el credo cristiano hoy en
día recupere su legitimidad epistemológica, por decirlo así,
reside en que la confesión cristiana, como hemos apuntado,
desborda el marco de los hechos en los que inicialmente se
apoya. Sin embargo, este desbordamiento no puede prescindir del relato de la resurrección como si fuera un lastre
de otras épocas. La confesión cristiana no solo tiene que
ver con la identidad de Dios, sino también, y quizá sobre
todo, con lo que el creyente puede esperar. Y la esperanza
cristiana no puede desligarse del acontecimiento de la resurrección. Pues el creyente espera lo imposible, a saber, que
los muertos resuciten al final de los tiempos. Otro asunto es
de qué hablamos cuando hablamos de la resurrección y, en
definitiva, qué relación cabe establecer entre hecho y acontecimiento, pues estrictamente no se trata de lo mismo. De
hecho, hubo resurrección, como hubieron dioses en la Antigüedad. Pero como hecho ya no vale para nosotros (como
tampoco los dioses). En cualquier caso, vale lo que se reveló,
a saber, la identificación de Dios con un crucificado. Po-

dríamos decir que el hecho de la resurrección fue la ocasión histórica de la revelación. Sencillamente, Dios vuelve a la vida —llega a ser el que es— con la vida de un crucificado. La resurrección, como la caída, no solo tuvo que ver con el que murió colgando de una cruz, sino también (y quizá sobre todo) con Dios. Cristianamente, la esperanza de que se les restituya a las víctimas del pasado la vida que les fue arrancada injustamente antes de tiempo arraiga en dicha identificación. Sin duda, se trata de una fe en lo imposible. Pero nadie dijo que la fe en Dios fuera humanamente creíble. Dios es el Dios (de lo) imposible. Si hay Dios, mejor dicho, si la vida nos fue dada desde el retroceso de Dios, los muertos deben resucitar. Ahora bien, la pregunta es quién podrá aún confesarlo. Quién puede aún encontrarse espontáneamente cabe Dios. Pues la esperanza en la resurrección de los muertos no arraiga en nuestra necesidad de un final feliz, sino en la fe en un Dios que, como tal, no puede darse como una posibilidad del mundo. De hecho, esperar que los muertos resuciten porque solo así la existencia tiene sentido no deja de ser un despropósito. La fe no se decide del lado del hombre.

En cualquier caso, lo cierto es que si el kerigma permanece inevitablemente ligado a las visiones que le dieron origen, entonces no es posible seguir siendo honestamente cristianos sin preguntarse cómo poder proclamar hoy en día que Dios levantó al Crucificado de entre los muertos. No hay hechos que sean independientes de una visión de los hechos. Y una visión de los hechos siempre se encuentra cargada de un cierto saber de antemano o al menos de aquellos prejuicios teóricos que, en tanto que incontestables, delimitan un marco cultural. Como dijimos antes, ver es siempre un *ver como.* Ciertamente, nosotros ya no podemos *ver* las cosas *como* las vieron los primeros cristianos. Sin embargo, lo que no cabe hacer sin faltar a la verdad es traducir el kerigma a nuestros esquemas mentales como si los primeros cristianos en el fondo hubieran querido decir lo que no dijeron.

14 UN EJEMPLO DE TRADUCCIÓN

Para entender mejor lo anterior, veamos con un poco más de calma esto de la resurrección. La resurrección tan solo puede darse como hecho desde el horizonte conceptual del mesianismo apocalíptico, horizonte que, evidentemente, nos resulta hoy en día delirante. Si los testigos de la resurrección pudieron ver al Resucitado, en vez de decirse a sí mismos que sufrieron una alucinación, es porque daban por sentado que, una vez la historia llegara a su fin, Dios levantaría a los muertos para que pudieran ser juzgados por el que ocupará su lugar, el heraldo de Dios. Únicamente desde este presupuesto, las apariciones y la tumba vacía pudieron funcionar como signos de la resurrección y, en definitiva, del inminente final de los tiempos. Si solo tuviéramos en cuenta el hecho de la resurrección, entonces el cristianismo sería, hoy en día, inviable. Pues como hecho depende de una cultura que nos queda bastante lejos. Ahora bien, el cristianismo va más allá de la constatación de la resurrección de un crucificado. De haberse limitado únicamente a proclamar que Dios rescató a Jesús de Nazaret de entre los muertos para sentarlo a su derecha, el cristianismo no hubiera dejado de ser una secta judía. La elevación de Jesús a la altura de Dios no hubiera sido mucho más que una variante mesiánica de la exaltación de Elías. En realidad, el núcleo duro del kerigma cristiano consiste en la confesión de Jesús como el quién de Dios, lo cual presupone, según decíamos, y aun cuando los primeros cristianos no fueran muy conscientes de ello, que hasta el Gólgota Dios era un Dios que tenía pendiente su quién. Esto es así, a menos que hagamos de Jesús un dios que se pasea por la tierra con aspecto de hombre, cosa que el cristianismo ciertamente no dice.

Con todo, sin el apoyo de los hechos, difícilmente se hubiera llegado a proclamar que Jesús es el quién de Dios, el rostro en el que Dios se reconoce y, por eso mismo, llega a ser el que es en el centro de la historia. Los primeros cristianos no decían que, *para ellos,* Jesús era el Hijo de Dios por el poder de la resurrección (Rm 1,4), sino que efectivamente lo era, aunque, sin duda, cabía la posibilidad de no reconocerlo. El *plus* kerigmático, el que afirma que Dios no es nadie sin el Crucificado (y viceversa), no puede prescindir, por tanto, de la resurrección como hecho ni, por consiguiente, del lenguaje que permite constatarlo como tal, aunque sea para desplazarlo hacia un centro que no es el que dicho lenguaje posee inicialmente. La dogmática cristológica nos obliga a comprender el hecho de la resurrección, el cual da por sentado un Dios que funciona a la manera de un *deus ex machina*, como el acontecimiento por el que Dios llega a ser el que es y, por tanto, como el Dios cuyo modo de ser estaba pendiente de confirmación, como quien dice. Ahora bien, lo que esto implica es que el hecho de la resurrección no termina de coincidir con la resurrección como acontecimiento. En cualquier caso, una lectura atenta de los relatos de la resurrección, sobre todo el del cuarto evangelio, el cual vincula de manera indiscutible cruz y elevación, ya nos da a entender que se recurre al lenguaje disponible para obligarlo a decir con respecto a Dios lo que dicho lenguaje no puede encajar. De ahí que las *actualizaciones* del kerigma solo puedan darse como un comentario interminable al kerigma originario, comentario que presupone, justamente, el uso contra natura del lenguaje de la época. Pues la razón del carácter interminable del comentario no es tanto lo inexpresable como lo inaceptable. De ahí que el comentario pueda comprenderse como una variante, ciertamente menor, de la lucha entre Jacob y el ángel de Dios; al fin y al cabo, como un intento de aceptar un Dios inaceptable desde la situación histórica y cultural en la que nos encontramos. El mejor comentario es aquel que termina en tablas, por decirlo así, como en el caso de Jacob. Una correcta comprensión del kerigma no puede dejar de tener en cuenta la tensión interna del lenguaje que originariamente lo articula. Cualquier traducción que consista únicamente en adaptar el kerigma originario al marco cultural de los tiempos modernos, sin tener en cuenta esta tensión, supone necesariamente una falsificación. Puede que esta tensión interna del kerigma obedezca al contraste entre lo esotérico y lo exotérico, como decíamos a propósito de la tesis de Jan Assmann. De ahí que una traducción que prescinda de este contraste corra el riesgo de quedarse con lo exotérico o, por emplear otras palabras, con un árbol sin raíces.

En este sentido, por ejemplo, Willi Marxsen, discípulo de Rudolf Bultmann, e intentando extraer lo esencial del anuncio de la resurrección, defendió la idea de que, en el fondo, lo que los primeros cristianos quisieron decirnos a su manera es que la causa de Jesús seguía en pie. Es verdad que la solución satisface a muchos, cuando menos porque les permite creer que siguen siendo cristianos sin tener que tragar con una historia de zombis buenos. Sin embargo, los discípulos no anunciaron que Dios había resucitado al que murió como un maldito de Dios porque quisieran únicamente transmitirnos, por medio de un lenguaje sumamente figurativo, la legitimidad de su causa. Más bien fue al revés: porque creyeron que en realidad el Crucificado fue exaltado a la derecha de Dios, pudieron decir que la causa de Jesús seguía en pie. Para los primeros cristianos, el lenguaje de la resurrección no es, por consiguiente, un modo de exponer, retóricamente eficaz, que la vida es más fuerte que la muerte o cualquier otra cosa por el estilo. Esto es así, aun cuando el relato de la resurrección, tal y como se nos cuenta, no pueda ser para el cristiano de hoy en día más que un modo de hablar. O por decirlo con otras palabras, aunque el cristiano actualmente tenga que contentarse con las implicaciones kerigmáticas de dicho relato, esto es, con la identificación entre Dios y el Crucificado, el relato de la resurrección no fue tan solo una versión supersticiosa del kerigma. La confesión de Jesús como el modo de ser de Dios no puede desprenderse del hecho de la resurrección sin que el kerigma pase a ser una mera interpretación de unos discípulos necesitados de resolver el escándalo que supuso la crucifixión del hombre de Dios, lo cual implicaría que el kerigma reposa no ya en la iniciativa de Dios, aunque esta no pueda cristianamente entenderse como la de un dios al uso, sino en el creyente que llega a creer porque ha logrado una buena interpretación. El peligro de una traducción que prescinda del vínculo con el lenguaje originario es que termine siendo una lectura subjetiva de otra lectura subjetiva y no un reconocer de nuevo lo que en realidad aconteció o tuvo lugar. De hecho, es probable que los primeros cristianos no salieran de su estupor, si nos vieran proclamar que la resurrección *no es más que* un modo de decir lo que puede ser dicho de otro modo, a saber, que Jesús, pongamos por caso, permanece vivo en nuestros corazones. Probablemente entenderían que nuestro esfuerzo por traducir el kerigma cristiano a los esquemas conceptuales de nuestro tiempo refleja, antes que una verdad más profunda, nuestras dificultades con el Dios que, de algún modo, ampara la existencia de los hombres. La pregunta, sin embargo, es si acaso el cristiano podrá seguir siéndolo donde tan solo se contenta con las implicaciones kerigmáticas de la resurrección, sin poder dar por hecho que Jesús fue levantado de entre los muertos por el poder de Dios. Esto es, si el cristiano actualmente puede ir más allá de la mera interpretación de los sucesos del Gólgota para situarse de nuevo ante la alteridad de un Dios que descendió con el peso muerto de quien *aún no es nadie*, para volver a la vida tras reconocerse en el cuerpo de quien murió como un maldito de Dios, reconocimiento que, sin embargo, solo fue posible por su entrega incondicional. En definitiva, la pregunta es si aún cabe —y bajo qué condiciones— encontrarse ante un Dios crucificado sin comulgar con las ruedas de molino del teísmo religioso, aunque tampoco sea aceptando como quien no quiere la cosa las ambigüedades de una espiritualidad para la que Dios ha dejado de ser un quién.

15   LA TENSIÓN INTERNA DEL KERIGMA

A muchos cristianos de hoy en día les costaría admitir que el Dios al que dirigen sus plegarias no se encuentra, estrictamente hablando, en los cielos. De hecho, si la resurrección fue un acontecimiento escatológico —la incidencia en el presente histórico de un futuro absoluto, y por consiguiente fuera de los tiempos—, entonces la ascensión a los cielos no fue propiamente a los cielos, sino la expresión imaginativa de un regreso al futuro, como quien dice. En realidad, Pablo, aunque recurra a la imagen de los cielos, cuando habla de la resurrección, piensa más bien en los términos de un *reset* cósmico, de una nueva creación, el principio de un mundo en el que el hombre es en Dios y Dios en el hombre. Quizá no sea casual que Lucas recriminase a los discípulos que se quedaran como pasmarotes mirando a los cielos tras la ascensión, dando a entender que el tema no era propiamente el cielo. Ahora bien, porque esta tensión es irreductible, el cristianismo nunca terminará de desprenderse de los presupuestos de la religión. Acaso porque la imagen del cielo probablemente sea la que mejor expresa el eterno diferir de Dios con respecto al hombre con el que, por otro lado, se identifica. De hecho, Dios en los cielos seguiría siendo un misterio, como decía Karl Rahner. Sea como sea, de lo que se trata es de comprender cómo funciona dicha imagen dentro del kerigma cristiano.

16 LA PROXIMIDAD CON EL ATEÍSMO

Ante la imposibilidad moderna de tratar de manera espontánea, salvo infantilismo o perturbación mental, con el Dios que fácilmente concebimos a la manera de un fantasma bueno, no debería sorprendernos que muchos de los que buscan una salida a la crisis espiritual de nuestro tiempo se decanten honestamente por una concepción impersonal de Dios.

Como si estuviéramos culturalmente obligados a abandonar la *inflexibilidad* de la dogmática cristiana en favor de una espiritualidad transconfesional desde el presupuesto, ciertamente discutible, de que las religiones son, al fin y al cabo, diferentes modos culturalmente determinados de aproximarse al fondo inescrutable de la existencia. En este sentido, Goethe en *Poesía y verdad* dijo comentando las Escrituras que cabía recuperar la convicción de que un ser supremo se encuentra detrás de cuanto es a condición de que dicha convicción fuera *natural y universal*, esto es, que no estuviera asociada a una divinidad particular que tan solo tuviera en cuenta a unos cuantos elegidos. No es accidental, por tanto, que aquellos que aún se sienten alineados con la tradición cristiana se encuentren frente al siguiente dilema: o bien tomarse al pie de la letra el credo cristiano y seguir con las prácticas devocionales de la tradición, aun cuando les resulten, si lo piensan bien, ininteligibles —y esta sería la opción del cristianismo conservador—; o bien adoptar una formulación más o menos oriental de la fe que les permita seguir considerándose creyentes sin renunciar a los logros de la Modernidad (pues creen hallar en Oriente una sensibilidad para la trascendencia que Occidente hace tiempo que perdió). Esta sería la alternativa defendida, entre otros, por Paul F. Knitter en su libro *Sin Buda no podría ser cristiano*, el cual quizá debería haberse titulado *Con Buda no puedo ser en realidad cristiano, aunque sí buena gente y de paso profundo*. Y es que donde prescindimos de la iniciativa de Dios en favor de una divinidad impersonal —el espíritu de interconexión que penetra cuanto es, según Knitter— no puede haber cristianismo propiamente hablando. Ciertamente, la iniciativa del Dios cristiano no puede comprenderse en los términos de la intervención de un ente sobrehumano. Pero de esto no se desprende que no quepa hablar de dicha iniciativa. Como dijimos, la iniciativa de Dios, desde la óptica del monoteísmo bíblico se revela como clamor; en definitiva, como la interpelación de Dios a Caín. La fe, cristianamente, tan solo puede concretarse como respuesta del hombre a la invocación de Dios. Con todo, parece que la propuesta de Knitter sea la más convincente hoy por hoy. Al menos porque no nos fuerza a romper con los presupuestos culturales de la Modernidad. Sin embargo, quizá nos parezca la opción más acorde con nuestros tiempos porque seguimos entendiendo, tras dos mil años de cristiandad, el kerigma cristiano desde la óptica de la religión.

Si hay alguna posibilidad de creer sinceramente en los tiempos modernos en el Dios cristiano, es porque, por un lado, el modo de ser del sujeto creyente, no dándose ya por generación espontánea, todavía sigue siendo una posibilidad del hombre moderno, aunque no sin pagar un alto precio; y, por otro, porque el kerigma, como decíamos antes, fue en los orígenes tan religiosamente inaceptable como hoy en día. Aun cuando una lectura al pie de la letra de los relatos fundacionales dependa ciertamente de una mentalidad que en modo alguno puede ser ya la nuestra, lo cierto es que sus implicaciones con respecto al Dios que se revela en la cruz desbordan dicha mentalidad. De hecho, desbordan cualquier mentalidad religiosa, en tanto que esta de por sí se encuentra vinculada a un campo de imágenes acerca de lo último. Y es que un Dios que no admite otra imagen que la de un crucificado en nombre de Dios es un oxímoron para el imaginario religioso. El Gólgota, ciertamente, no deja las cosas de Dios como estaban. Aunque tampoco las del hombre. El Dios cristiano, en la medida en que no es nadie sin la fidelidad incondicional del hombre, supone, en definitiva, una *mutación* de la noción religiosa de Dios, por decirlo a la manera de Larry Hurtado, de tal modo que no cabe una relación directa con Dios que no sea una relación con aquel que fue crucificado como maldito de Dios. El cristianismo supone, en última instancia, una carga explosiva en la línea de flotación del barco típicamente religioso. No casualmente los primeros cristianos fueron acusados de impiedad. Hay que tomarse muy en serio esta acusación para comprender, cuando menos, el alcance del credo cristiano, sobre todo en el contexto de un imperio al que no se le caían los anillos a la hora en añadir dioses al Panteón. El Dios cristiano no deja de ser un Dios extraño, un Dios que en modo alguno puede aceptar como tal quien sepa lo que significa originariamente la palabra *Dios*. Un dios, por defecto, no puede identificarse con aquel que muere como un perro.

No obstante, resulta innegable que el carácter disruptivo del kerigma quedó en gran medida desactivado una vez el cristianismo se convirtió en religión oficial. De hecho, a muchos cristianos actualmente les costaría aceptar que el Dios al que se dirigen sus plegarias no es propiamente una variante del ángel de la guarda de su infancia. Que, en definitiva, no cabe estar ante Dios sin abrazar los cuerpos llagados en los que Dios se reconoce. Sin embargo, no es menos cierto que la desactivación del kerigma tiene que ver también con que este se formulase inicialmente por medio de categorías religiosas, aun cuando fuera para forzarlos a decir lo que en modo alguno podían admitir. De ahí que al recurrir al lenguaje disponible, el cristianismo no puede evitar moverse en las aguas procelosas de la ambivalencia. Así, mientras que, por un lado, el Dios que se revela en el Gólgota no es estrictamente hablando el dios tutelar al que invoca la piedad religiosa, por otro, los textos cristianos, al conservar las huellas del marco conceptual que, no obstante, desplaza, hacen posible una asimilación tópicamente religiosa del kerigma. De hecho, no es casual que el cristianismo de los comienzos se ubicara entre la religión y el ateísmo. La negación de Dios es la íntima posibilidad del creyente, al menos porque Dios no termina de ser el que es sin la respuesta incondicional del hombre. A diferencia de las divinidades paganas, el Dios bíblico no es un dato accesible a una sensibilidad más o menos impresionable. Desde la óptica del Deuteronomio, la presencia divina, más que esquiva, es la de un Dios que se encuentra a faltar, un Dios que no aparece como dios. La realidad de Dios en modo alguno puede entenderse como la del fuego que no vemos, pero de cuya existencia no dudamos ante el humo que percibimos. Ni siquiera cuando tenemos en mente la inmensidad de lo creado. Pues, no hay que olvidar que, bíblicamente, Dios no crea el mundo a la manera de un demiurgo, sino por medio de su voluntad, la cual se desprende, como intuyó Isaac Luria, de su *contracción*. Desde la óptica de Israel, todo es en tanto que se haya penetrado por la voluntad de Dios. No casualmente Dios es el Dios del séptimo día, el Dios que retrocede en su darse como voluntad o, por decirlo a la profética, como voz insoslayable.

La realidad de Dios es una realidad simbólica, acaso la única realidad posible. Tras la caída, Dios y el hombre son, literalmente, símbolos uno del otro, pedazos de un antigua unidad. La caída, de hecho, afecta tanto al hombre como a Dios. Así, mientras el hombre pierde de vista la alteridad de Dios, de aquel de quien depende, Dios por su lado se

queda sin imagen en la que reconocerse. Alguien le falta a
Dios para llegar a ser el que es. Pero al igual que el hombre deambula por el mundo como un espectro mientras
ignora con quién está en deuda, a quién le debe la vida.
En el marco de la religión, ni Dios ni el hombre se echan
en falta. Y esto es así, aun cuando el hombre crea que cree
que necesita a Dios, cuando lo cierto es que su necesidad
de Dios, no es de Dios, sino de una imagen conveniente de
Dios. Desde la óptica de la religión, Dios no depende del
hombre para llegar a ser el que es. Dios y el hombre son
lo que son con independencia de la relación que puedan
establecer o pactar. Así, pueden llegar a un acuerdo —a
un *religare* contractual—, pero en modo alguno este acuerdo compromete su modo de ser, el cual ya está determinado
de antemano. Sin embargo, el cristianismo confiesa que ni
Dios ni el hombre llegan a ser lo que son con anterioridad
al Gólgota. Dios y el hombre tan solo llegan a ser lo que originariamente eran en el centro de la historia. De ahí que no
sea fortuito que el ateísmo moderno se haya gestado en
la matriz de la cultura judeocristiana. Al fin y al cabo, el
kerigma afirma que no hay Dios al margen de su identificación con aquel que fue crucificado en su nombre. Basta
con que no sepamos qué hacer con la palabra *Dios* para que
el *no hay Dios* suene con más fuerza que *al margen de su
identificación con el Crucificado*. La emancipación ilustrada
de la superstición tiró, sin duda, al niño del kerigma cristiano con el agua sucia de la religión. Ahora bien, esto fue
posible porque, como decíamos antes, con la cristiandad
se perdió de vista el carácter extraño del Dios que se reveló
en la cima del Gólgota, un Dios que anda cojo como Dios
donde el hombre no abraza su debilidad; al fin y al cabo, la

impotencia de un Dios que quedó sepultado en un pretérito absoluto por el orgullo del hombre.

Ahora bien, aun cuando el cristianismo no sea, estrictamente, una religión al uso, tampoco es posible recuperar la legitimidad epistemológica del kerigma fuera del contexto del mito, cuando menos porque su inteligibilidad depende, en último término, de su contraposición. Al margen de dicho contexto, tan solo tenemos fórmulas que en modo alguno podrán ser certificadas por la experiencia, y menos hoy en día, al menos porque, como decíamos antes, lenguaje y experiencia van de la mano. En este sentido, fácilmente terminamos entendiendo los enunciados del credo como un modo de hablar: *como si* Jesús fuera el Hijo de Dios; *como si* Dios se hubiera hecho carne para la redención de los hombres; *como si* el Crucificado hubiera resucitado de entre los muertos… Sin embargo, el significado del kerigma cristiano más que descriptivo es intertextual. Ciertamente, apunta a la experiencia, pero solo como desplazamiento de la experiencia naturalmente religiosa, la cual se determina desde los presupuestos de un dios concebido a la manera de un ente espectral. Es como si el cristianismo alterara de manera sustancial el significado habitual de las categorías típicamente religiosas. El *Hijo de Dios* no es, pongamos por caso, el *surperman* que inicialmente pudiéramos imaginar, sino aquel que muere como un apestado de Dios. La posibilidad de rescatar, al menos, la legitimidad epistemológica del kerigma pasa, consecuentemente, por una mejor intelección de lo que significó en un principio, y en tensa continuidad con el marco cultural del judaísmo del Segundo Templo. Así, de lo que se trata, a la hora de *actualizar* el credo cristiano, no es de traducirlo a nuestros esquemas mentales, pues de hacerlo probablemente no haremos más que deformarlo, sino de comprender mejor cómo funciona el lenguaje del kerigma en el contexto de la época. Pues, según suele decirse, un texto sin contexto no es más que un pretexto.

Los intentos de comprender el kerigma se dirigen inicialmente del presente al pasado. Pero sería un error desplazarse solo en esta dirección. Pues su comprensión exige también, y quizá sobre todo, ir del pasado al presente. Si el kerigma cristiano resulta significativo, no es porque lo entendamos fácilmente, sino porque vislumbramos una verdad que no acabamos de encajar, pero que, con todo, pide ser encajada, al menos hasta donde sea posible. Dicho con otras palabras, el kerigma resulta significativo en tanto que nos saca del encuadre de nuestros prejuicios actuales acerca de Dios. El carácter inaceptable y, no obstante, interpelador de la confesión creyente, se disuelve como azúcar en el café donde reducimos el kerigma a lo que hoy en día todavía podemos religiosamente tolerar. La disrupción cristiana apunta a un Dios que en modo alguno puede admitir quien posee una mínima sensibilidad religiosa. El kerigma cristiano, a pesar de emplear sus categorías, pone contra las cuerdas los presupuestos de la cosmovisión del *homo religiosus*. Al confesar a Jesús como Dios —o a Dios como Jesús—, el cristianismo no está simplemente proponiendo otro referente, aunque desconcertante, para el concepto *Dios*. Si fuera así, entonces la humanidad de Jesús, sencillamente, hubiera sido la máscara con la que Dios se paseó por el mundo. Pero no es esto lo que confiesa el cristiano acerca de Jesús. Jesús no es la encarnación de Dios porque fuera Dios mismo que, habiendo adoptado el aspecto del hombre, hubiera decidido hacernos una visita, ni tampoco porque ejemplificase a la perfección el modo de ser de Dios, sino porque su humanidad responde a la pregunta bíblica por el quién de Dios, un Dios que, tras la caída y hasta el acontecimiento del Gólgota tuvo pendiente, precisamente, su quién. Decir que Jesús es la imagen visible del Dios invisible es lo mismo que decir que Jesús es el quién de Dios y no solo su representante. Sencillamente, Dios con independencia de la encarnación es un Dios que *aún no ha llegado a ser el que es*. Así, al proclamar que Jesús es el quién de Dios, el cristianismo no dice solo algo acerca de Jesús, sino sobre todo algo —y algo radicalmente nuevo— sobre Dios. De ahí que el kerigma cristiano no sea algo que podamos fácilmente digerir desde lo que, por lo común, se entiende por Dios. Con todo, el problema de intentar asimilar el kerigma a partir de su diferenciación de la matriz religiosa de la que obtiene su lenguaje es que esta matriz ya no está socialmente disponible, salvo como cristianismo *actualizado* a la manera de los Knitter y compañía. Ahora bien, quizá esto tan solo suponga que el kerigma tenga que dirigirse, a la hora de lograr una nueva legitimidad, sobre todo contra la deriva posmoderna del cristianismo, una deriva que apuesta más por un espíritu de trazo grueso que por Dios. Ciertamente, el cristianismo no deja de ser una espiritualidad. Pero, según la confesión creyente, el espíritu es un resto, lo que queda de un resucitado una vez *ascendió a los cielos* por el poder de Dios. Es verdad que Dios es espíritu (Jn 4,24). Pero el espíritu solo nos fue entregado tras la *elevación* del Crucificado sobre la cima del Gólgota (Jn 7,39). Cristianamente, no hay espíritu al margen de la cruz.

17 KELSOS

Celso fue un filósofo griego del siglo II dC conocido sobre todo por su escrito contra los cristianos. Orígenes le dedicó un voluminoso tratado, lo cual de por sí sugiere que lo que había en juego no era trivial o anecdótico. Celso decía, entre otras cosas, que un Dios que muere en una cruz no podía ser en realidad divino. Quien sepa qué significa originariamente la palabra *Dios* no reconocerá como Dios a quien fue colgado de un poste como si fuera una alimaña. Un dios pertenece a otro orden. Ciertamente, puede adoptar circunstancialmente el aspecto del hombre. Pero no *es* humano. Un Dios hecho hombre es, literalmente, un oxímoron. Todo a fin de cuentas muy razonable. Difícilmente percibiremos el alcance del credo cristiano si no partimos de los argumentos de Celso, los cuales no dejan de ser un destilado de la sensibilidad espontáneamente religiosa. Pues la concepción cristiana de Dios supone una significativa alteración de lo que se entiende naturalmente por Dios. Deberíamos leer las fórmulas del credo como las fórmulas de combate que, en definitiva, son. Donde dejamos de tener en cuenta que el texto cristiano es un contratexto, entonces terminamos tomándonoslo como si simplemente su intención fuera la de describir unos hechos, sin duda, sorprendentes, pero que en modo alguno nos afectan o, en el mejor de los casos, como un modo de hablar del que podemos prescindir a la hora de quedarnos con lo esencial. De ahí que no debiera sorprendernos que tantos hayan dejado de tomarse en serio los enunciados del credo.

Ahora bien, nos equivocamos donde damos por sentado que este desinterés tiene que ver tan solo con que el lenguaje del credo ya no nos pertenece. La dificultad del credo le es intrínseca. Pues, como indicábamos anteriormente, dicha dificultad obedece en última instancia al hecho de que el Dios que hay detrás es un Dios en el que espontáneamente no podemos creer. Es cierto que hasta hace poco los cristianos podían suponer que sabían de lo que estaban hablando cuando recitaban el credo. Pero no porque fueran capaces de situarse como quien no quiere la cosa ante el carácter inaceptable de un Dios crucificado, sino porque, culturalmente, dicho carácter había sido transformado en el de una divinidad tópicamente religiosa. No le hacemos justicia al credo donde lo rechazamos por incomprensible, pero tampoco donde lo seguimos leyendo religiosamente. Es posible que los dos mil años de cristiandad hayan sido, en el fondo, un malentendido, cuando menos porque la cristiandad sobrevive tolerando pastoralmente las herejías que *de iure* condena. Y es que donde el Dios cristiano es asimilado al Dios de la religión, entonces Jesús es o bien un dios que se pasea por la tierra, o bien un representante de Dios… que es lo que muchos aún creen como quien cree que hay focas en el Ártico. Pero no es esto lo que confiesa el cristianismo, aunque también es verdad que solo porque el cristianismo fue malentendido pudo sobrevivir históricamente y, en definitiva, conservar el kerigma originario en las fórmulas de la dogmática cristológica. En cualquier caso, es indiscutible que donde no comprendemos de lo que hablamos cuando recitamos el credo o, lo que acaso sea peor, donde creemos entenderlo con facilidad, dejamos de escuchar aquella palabra que nos sigue sacando de quicio, tanto hoy en día como antiguamente. De ahí que si el Dios cristiano es un Dios católico, esto es, universal, es porque se trata de un Dios que ninguna cultura puede aceptar como Dios, en tanto que una cultura solo es posible donde transforma la extrema alteridad de Dios en un concepto o imagen disponible. Aunque esta ya no conserve ningún resto del viejo Dios.

18 ADÁN Y PROMETEO

Es difícil que entendamos de qué va el credo mientras no tengamos presente que se afirma contra la manera espontáneamente religiosa de entender la presencia de Dios, la cual es negada, justamente, como presencia *de Dios*. De ahí que, al olvidar el carácter polémico del kerigma y tras el descrédito del imaginario cristiano, Dios tan solo pueda aparecer en la conciencia creyente como el análogo de la divinidad suprema del paganismo. No debería extrañarnos, por consiguiente, que termine comprendiéndose como el denominador común de las múltiples sensibilidades religiosas. Como si estas no fueran más que las diferentes ventanas desde las que contemplamos un mismo paisaje (la imagen diría que es de Raimon Panikkar). Las visiones pueden ser tan distintas que fácilmente llegaríamos a creer que no estamos viendo el mismo paisaje, aunque en realidad apunten a un mismo afuera —a una y la misma trascendencia. Desde esta óptica, Jesús fácilmente deja de ser el Hijo de Dios para convertirse en un hombre que, como tantos otros, supuraba una bondad de otro planeta, como quien dice. Pero los primeros cristianos no proclamaron que el Crucificado fuera tan solo un avatar de Dios. Al contrario. Jesús era el *homogenés*, el Hijo por el que todos fuimos adoptados como hijos de un mismo Padre. Cristianamente, tan solo la cruz del Hijo restaura el vínculo perdido con Dios, liberando al hombre de su estar en manos de la impiedad.

Ahora bien, ¿acaso esto no nos resulta, literalmente, increíble, por no decir surrealista? ¿Acaso no es más razonable suponer únicamente que formamos parte de una realidad que supera cuanto podamos pensar o incluso imaginar? ¿Hasta qué punto necesitamos un redentor de naturaleza divina o semidivina para poder desprendernos de nuestros intereses más mezquinos? ¿Acaso no nos basta con un maestro? Quizá. Sin embargo, es posible que el kerigma cristiano nos parezca poco natural o razonable porque nos hemos vuelto incapaces de aceptar un relato como el de la caída, un relato en el que la cuestión de fondo no es tanto qué tipo de Dios hay detrás, sino quiénes somos, al fin y al cabo. Pues no es lo mismo creer, por ejemplo, que el hombre es aquel que posee accidentalmente la técnica de los dioses, tal y como se afirma en el mito de Prometeo, que aquel que se encuentra esencialmente referido a una alteridad en falta y, en última instancia, a un tener que responder a su demanda. En el primer caso, todo es susceptible de dominio, aun cuando la técnica que lo hace posible, en la medida en que nos ha sido entregada indebidamente, pueda volverse contra el hombre. En el segundo, sin embargo, lo que define nuestra condición es la pérdida de la alteridad. Este es, de hecho, el *prius* que, desde una óptica bíblica, constituye nuestro estar en el mundo. Somos los que echan en falta al radicalmente otro, aunque de entrada no seamos muy conscientes de ello, en la medida en que creemos que ya estamos ante el otro donde tan solo estamos frente a su apariencia. La experiencia de la trascendencia es la experiencia de una ausencia fundamental, ausencia que, en tanto que fundamental, no se ubica propiamente en otro mundo, ya que en ese caso la ausencia sería episódica, sino fuera de los tiempos, en un pasado inmemorial. Así, no es lo mismo creer que todo es susceptible de ser dominado, incluso el código genético que nos determina biológicamente, que comprenderse en relación con un *non plus ultra* infranqueable, el que representa, precisamente, la intangibilidad absoluta —la santidad— del enteramente otro.

Sin embargo, no deja de llamar la atención que en ambos relatos, el de Prometeo y el de la caída, el hombre nazca de una transgresión. Como si se nos quisiera dar a entender que nuestra situación en el mundo no deja de ser el resultado de un acto *contra natura*. Como si lo natural del hombre fuera dejar de ser natural (Hegel *dixit*). De hecho, ambos relatos terminan coincidiendo en el desenlace. Sea por el rechazo culpable de la genuina alteridad, sea por la aceptación del fuego robado a los dioses, el hombre se encuentra en el mundo como aquel para el que no hay nada que no sea susceptible de ser transformado según sus intereses. Nada en verdad otro impone su límite a la voluntad de dominio. Ahora bien, aun cuando el desenlace sea el mismo, no es lo mismo partir de la desobediencia que de una apropiación indebida. Desde la desobediencia, el futuro se presenta como la restauración de un origen y, en definitiva, como la oportunidad del perdón. En cambio, donde el hombre se entiende como el que detenta el poder del fuego, el futuro se revela como progreso; en definitiva, como una evolución de lo que fuimos inicialmente. No es lo mismo ser culpable que afortunado. Y es que, como culpable, el hombre aún se sitúa ante una alteridad a la que le debe una reparación, aunque se trate de la alteridad de un Dios sepultado en un pretérito absoluto.

No es este el caso del afortunado. Con todo, forma parte de la condición del culpable el no reconocer su deuda. Desde la óptica del relato de la caída, Dios es la primera víctima del hombre. No es casual que modernamente se haya recurrido al mito de Prometeo a la hora de legitimar la nueva subjetividad frente al legado de la tradición cristiana. Como si a través del mito prometeico hubiéramos llegado a liberarnos de una culpa que no acabamos de entender ni, por eso mismo, admitir. O al revés.

Sin embargo, la cuestión es si acaso no habrá más verdad donde nos comprendemos en relación con una alteridad perdida, y, en definitiva, como huérfanos de un mismo padre, que donde creemos que el hombre puede hacerse a sí mismo hasta el punto incluso de poder modificarse genéticamente. Desde el punto de vista de la primera opción, la humanidad no está definitivamente dañada. En cambio, desde la segunda, no es difícil imaginar que la humanidad será, precisamente, lo que el hombre terminará dejando atrás. No en vano Alexandre Kojève, comentando los fragmentos nietzscheanos acerca de la muerte de Dios, dijo en su momento que no deberíamos desestimar que el *superhombre* no sea mucho más que un perfecto *idiotés*, alguien incapaz de ir más allá de su deseo, el cual, a diferencia del mero instinto, no deja de ser un apósito cultural. Como sostuviera en su momento René Girard, no hay deseo que no sea mimético. Nadie desea lo que desea por su cuenta y riesgo. Otro asunto es el del querer. Pues la genuina libertad acaso no consista en poder realizar lo que nos apetece —y es que no hay libertad propiamente en la reacción—, sino el hacer lo que uno quiere. Y nadie quiere nada o, mejor dicho, a nadie sin atarse al mástil, como quien dice. Libertad es fidelidad; al fin y al cabo, una respuesta incondicional a una demanda insatisfacible. O por decirlo con otras palabras, libertad es vocación. Ciertamente, uno puede preguntarse si acaso habrá alguien que pueda cargar con este peso. Pero este es otro asunto. De cualquier modo, el superhombre, más allá de la retórica nietzscheana, siendo incapaz de responder ante nadie, pues no hay otro que valga para quien atiende tan solo a su impulso vital, difícilmente podría evitar convertirse, como decíamos antes, en un instrumento del principio impersonal de la voluntad de poder, el que obliga, precisamente, a hacer cuanto pueda hacerse. Sin duda, en el contexto de una civilización técnica, lo que sea posible realizar, tarde o temprano, se llevará a cabo. *Tiene que* llevarse a cabo. Cuando menos porque desde la lógica de la voluntad de poder no hay límite, ni siquiera el que pueda definir nuestra naturaleza o condición, que no deba ser superado. Por decirlo de otro modo, si es posible hacer un hombre genéticamente inmortal, tarde o temprano se hará. Y cuando esto ocurra difícilmente podremos seguir hablando de humanidad. Pues el hombre solo puede distinguir entre lo que importa y lo que no ante la facticidad de la muerte. De ahí que, a la hora de interrogarnos acerca de quiénes somos, no podamos dejar de preguntarnos si no nos habremos equivocado al desestimar tan fácilmente el mito de Adán.

19 *LA CHUTE*

El relato de la caída es un relato que funciona como la clave hermenéutica del Antiguo Testamento. Estamos ante un mito fundamental, algo así como un *a priori* imaginativo.

Entenderlo, a partir de sus semejanzas formales, como una variante local del relato prototípico sobre el origen del hombre, supone reducir su alcance. El Dios que aparece en el relato bíblico no es sencillamente homologable al creador que aparece en los mitos de los pueblos mesopotámicos. El Dios bíblico no crea el mundo a la manera de un demiurgo. El relato de la caída expone no solo la situación en la que se encuentra el hombre con respecto a Dios, sino, sobre todo, la situación en la que se encuentra Dios con respecto al hombre y, en último término, con respecto a sí mismo. La caída afecta tanto al hombre como a Dios. Al menos, porque, tras el desprecio de Adán, Dios se queda sin imagen en la que reconocerse. Podríamos decir que lo que está en juego tras la caída no es solo la identidad del hombre, sino sobre todo la de Dios. La expulsión de Adán —su haber sido arrojado al mundo— es el envés de la expulsión de Dios de su creación. Adán es condenado a vagar por el mundo ignorando quién es su padre. Pero del mismo modo, Dios sufre una brutal crisis de identidad al ser enajenado de su imagen. De ahí que, hasta el Gólgota, Dios fuera el Dios que tenía pendiente su quién. Veamos esto último con más calma.

Desde la óptica bíblica, el hombre fue creado, como sabemos, a imagen y semejanza de Dios (Gn 1,26-27). Quien llevase a cabo una lectura aséptica de los versículos del Génesis quizá pudiera sorprenderse de que un dios hiciese tal cosa, pero tendría que admitirlo como quien constata que los dioses de Egipto se representaban con el aspecto de las bestias. Aun cuando pueda extrañarnos, es aquello en lo que cree Israel. Como si Elohim se hubiese entretenido creando un duplicado de sí mismo. Sin embargo, llama la atención el empleo de las palabras *imagen* y *semejanza*. En principio, la expresión parece funcionar como una muletilla, pues también nos la encontramos a propósito de Set, el tercer hijo de Adán, el cual fue engendrado a imagen y semejanza de su padre (Gn 5,3), dando a entender que a partir de ahora la tara de Adán viene de fábrica. La cuestión, sin embargo, es por qué estas dos palabras. La primera sugiere que el Dios que hay detrás no es un dios como Dios manda. Pues aun cuando el *homo religiosus* imaginara fácilmente a sus dioses como si tuvieran un aspecto humano, lo cierto es que, por defecto, la diferencia entre un dios y el hombre es, en el contexto del politeísmo de la Antigüedad, análoga a la que media entre el hombre y un gusano. No deja de llamarnos la atención, por tanto, la paternidad de Dios. Lo extraño no es tanto que Dios crease una criatura como que crease una en la que pudiera reconocerse como Padre. Ahora bien, teniendo en cuenta lo que acabamos de decir sobre la distancia entre el hombre y la divinidad, no parece que el autor del relato de la creación de Adán haya querido decirnos que el hombre es un clon, aunque en miniatura, de Dios. Los tiros van por otro lado. El hombre no es un duplicado de Dios, sino la alteridad en la que Dios se reconoce. Dios no quiere ser sin el hombre. No es casual que Israel entienda la creación del hombre como un acto de voluntad y, por consiguiente, de amor. Como si el amor estuviera en la raíz de nuestra naturaleza. Hasta aquí nada que objetar. Sencillamente, esta es la creencia de Israel.

Ahora bien, ¿por qué añadir la palabra *semejanza*? Por definición, una imagen no está comprometida con un determinado modo de ser. Una imagen no es de fiar. Un genio suele ser un tipo extravagante. Pero de ahí no se deduce que cualquier tipo extravagante sea un genio. La imagen que podamos dar a los demás siempre permanece fuera de uno mismo. La imagen no alcanza el núcleo duro de lo que somos o pudiéramos llegar a ser. Así, no cabe decir que el aliento de Dios habite en lo más íntimo del hombre porque así nos lo parezca. Los versículos del Génesis nos hablan de Dios al hablarnos del hombre. Al añadir la palabra *semejanza*, el relato bíblico quiere advertirnos de que en la imagen de Dios anda también comprometido su modo de ser. Esto es, cuando menos, desconcertante. ¿Cómo es posible afirmarlo tratándose de Dios? ¿Acaso Dios no es, por definición, otra *cosa*? La distancia entre Dios y el hombre ¿no era infinita? En definitiva, ¿qué se nos está insinuando aquí con respecto a qué o quién pueda ser Dios? Pues que Dios, por decirlo sucintamente, es el que es en tanto que se reconoce en el modo de ser de Adán. Dios *es* en el hombre del mismo modo que el hombre es en Dios. Dios no es con independencia del hombre (y viceversa). O como decíamos antes, Dios no quiere ser sin el hombre. Dios llega a ser el Padre a través de la creación de Adán. Dios es Padre solo porque engendra. Sin hijos no hay paternidad. Pero al igual que el hombre solo sabe quién es en tanto que se comprende a sí mismo como criatura de Dios. De ahí que la encarnación, el hacerse hombre de Dios, sea, al fin y al cabo, un reencuentro, la reconciliación por la que Dios llega a ser el que es en el seno de la historia. Pues Dios se hace hombre donde el hombre, despojado incluso de Dios, abraza la debilidad de un Dios que aún no es nadie sin la entrega incondicional del hombre.

Para comprender mejor lo que acabamos de decir, quizá sea conveniente tener presente lo que sostenía Hegel a propósito de la sustancia —lo cual es lo mismo que decir acerca de lo que propiamente es al margen de las formas en las que se concreta o pueda concretarse—, a saber, que teníamos que entenderla como sujeto y no como objeto. La sustancia es *el espíritu*; al fin y al cabo, una voluntad. No es casual que el pensamiento de Hegel, según defendiera, entre otros, Hans Küng, pueda comprenderse como la secularización de la dogmática trinitaria. En este sentido, la relación entre Dios y el hombre sería análoga a la que mantiene el yo consigo mismo. Si llegamos a ser conscientes de nosotros mismos, si llegamos a ser alguien para nosotros mismos, es porque podemos identificarnos, de entrada, con nuestro cuerpo. Pero el cuerpo con el que nos identificamos permanece frente a nosotros como eso que cabe manipular o modificar y, por tanto, fuera de uno mismo, como quien dice. Aun cuando no habría yo sin cuerpo, tampoco habría cuerpo humano que no fuera el cuerpo de aquel que se reconoce en ese cuerpo. El yo difiere continuamente del cuerpo con el que, sin embargo, se identifica. La distancia infinita de Dios con respecto al hombre no es tan solo el efecto de la caída, aunque esta la haga propiamente hiriente, sino la expresión de la relación personal de Dios con el hombre, del compromiso originario de Dios con el hombre. Me atrevería a decir que, en la creación de Adán, Dios toma cuerpo de tal modo que llega a reconocerse como el Dios que es. Dios no quiere ser sin el cuerpo del hombre. Dios es el Dios que busca materializarse. La espiritualidad cristiana no deja de ser una espiritualidad *materialista*, por decirlo así. El cuerpo inocente de Adán sería el cuerpo con el que Dios se *in-corpora* —se hace presente— como tal. No solo frente a Adán, sino también frente a sí mismo. Bastan unas pocas líneas del Génesis para cercenar cualquier intento de espiritualizar en exceso a Dios.

Sin embargo, al igual que el cuerpo nunca termina de alcanzar el yo que literalmente lo anima, Dios se mantiene a una distancia inabordable para el hombre. En este sentido, Dios es más que su criatura, aunque no sea —no quiera ser— sin su criatura. Dios es en principio su voluntad de ser Dios, la voluntad que sostiene por entero la creación. Pero Dios tan solo llega a ser el que es exteriorizándose en su criatura, saliendo de sí mismo hacia lo otro de sí mismo. El carácter personal del Dios de Israel no es, por consiguiente, una personificación de un poder impersonal, sino la expresión de un Dios que llega a ser el que es en la enajenación de sí. La convicción bíblica es que Dios sería aquel enteramente otro en relación con el cual el hombre llega a ser el que es. El hombre se traiciona a sí mismo donde cree que no depende de un *quién*, sino de un *qué*. O por decirlo con otras palabras, donde da por sentado que de lo que se trata no es de responder a la demanda de aquel al que le debe una vida, sino de ajustar su existencia a los moldes paradigmáticos de un ideal. Dios es un quién y no un qué, aunque sea un quién que sufre, tras la caída, una brutal crisis de identidad, porque en el hombre lo primero es un hallarse expuesto a la demanda infinita que se desprende de un Dios en falta. Dios, una vez se separa de su imagen, es un Dios que clama por el hombre para poder volver a ser el que es. El hombre es sujeto porque originariamente se encuentra *sujeto a* aquel con quien se encuentra en deuda. Fuera de esta sujeción originaria, el hombre no es nadie, aunque crea lo contrario. Al igual, sin embargo, que Dios no es nadie sin el cuerpo en el que se reconoce. En cualquier caso, una pura voluntad de llegar a ser alguien. Esta y no otra es la convicción creyente.

Por consiguiente, a menos que entendamos que el hombre es un clon de Dios, cosa que sería aberrante para quien sepa qué significa la palabra *Dios*, lo que está en juego en la creación del hombre es la identidad de Dios, la posibilidad de que Dios se acepte como tal. De ahí que la caída, como decíamos, no afecte únicamente al hombre, sino también a Dios. Y quizá sobre todo a Dios. Mejor dicho, porque afecta sobre todo a Dios, afecta en definitiva al hombre. Tanto el hombre como Dios existen, en el sentido literal de la expresión, únicamente tras la caída. Al menos porque existir significa haber sido arrancado. Con la desobediencia de Adán, tanto Dios como el hombre fueron extirpados uno del otro. Existir supone, en último término, un estar referido a la absoluta falta del otro. A partir de la expulsión del Edén, Dios y el hombre existen como aquellos que no terminan de ser sin el otro. El hombre es el símbolo de Dios, pero al igual que Dios es el símbolo del hombre, como si fueran los pedazos de una tablilla rota. Por definición, un símbolo, a diferencia de un simple signo, siempre remite a la parte que falta, en definitiva, a una ausencia fundamental.

Ahora bien, Dios y el hombre no existen del mismo modo. El hombre es en el mundo en relación con una alteridad perdida. Pero Dios no existe en ningún mundo, ni siquiera en el sobrenatural. La idea de un Dios que habita otro mundo a la manera de un ente espectral con un determinado aspecto o modo de ser es una ilusión con la que el hombre intenta suplir el vacío de Dios. Por el orgullo de Adán, Dios se desplazó a un pasado anterior a los tiempos como el que *ha vuelto a no ser nadie* a la espera de volver a ser, precisamente, el que fue junto a su criatura, esto es, a la espera de su reconciliación con Adán, cosa que, según el cristianismo, tuvo lugar sobre un cadalso. Desde la óptica de Israel, el hombre tan solo puede experimentar a Dios como la voz que clama por el hombre, aquella que lo interroga por el lugar en el que se encuentra. De hecho, tras la caída, la primera intervención de Dios, por decirlo así, es la de aquella voz que interpela a Caín por el paradero de su hermano. No es casual que en el Antiguo Testamento la respuesta de quien topa con Dios —de quien escucha y acepta la llamada que se desprende de su ausencia— sea, precisamente, *heme aquí, Señor*, aunque del mismo modo que la de quien vive de espaldas a Dios sea algo así como un *no sé, tú sabrás*. Dios existe como fantasma, pero no tal y como se lo imagina el *homo religiosus*. Desde el punto de vista del monoteísmo bíblico, si Dios existe como la voz, ciertamente espectral, que reclama la fidelidad del hombre, fidelidad sin la que de hecho Dios no es más que un fantasma, es porque, en el presente, Dios carece de entidad. Ciertamente, desde una óptica cristiana, Dios posee la entidad de un cuerpo crucificado. Pero esto es así porque el punto de partida es un Dios que tenía pendiente, precisamente, llegar a ser el que es y, en definitiva, su quién.

En cualquier caso, el absoluto paso atrás de Dios es el reverso de nuestro haber sido arrojados al mundo. Bíblicamente, no cabe pensar la realidad de Dios en términos espaciales, tal y como es propio del paganismo, sino únicamente por medio de categorías temporales. Dentro de los tiempos históricos, no hay otra presencia de Dios —otro presente— que la de su falta de presencia, aunque cristianamente se trate de la ausencia de quien está por regresar como el Señor. Dios se muestra como el que fue o será más allá de los tiempos. Pues hay tiempos por el retroceso (y el *por-venir*) de Dios.

Ante la falta del absolutamente otro, de lo real *avant la lettre*, todo queda marcado con el estigma de lo ficticio. Todo, salvo quizá el horror. Como si, ante la falta de Dios, el mundo hubiera quedado en manos de la oscuridad y la luz fuera un espejismo. Como si el mal tuviera la última palabra. Si desde la óptica de Israel Dios se ofrece como la promesa de Dios, es porque tan solo puede llegar a ser en verdad lo que originariamente fue. La bondad, bíblicamente, es la anticipación de un porvenir absoluto, el cual se revela como la realización de lo que se nos dio en un principio y quedó hundido, tras la caída, en un pasado igualmente absoluto, anterior a los tiempos.

La falta o ausencia de Dios no es, por tanto, circunstancial, sino el incuestionable *non plus ultra* de nuestro estar en el mundo. Desde nuestro lado, no podemos ir más allá. Según Israel, el hombre, en tanto que confía en sus solas fuerzas, es incapaz de alcanzar a Dios. En cualquier caso, puede suplir su falta imaginativamente. Pero siempre lo hará en falso. Con todo, forma parte de la caída suponer que nuestro yo no arraiga en el enteramente otro y, por tanto, que nuestro inicial no acabar de ser tan solo exige que nos vayamos construyendo poco a poco una identidad teniendo en mente un modelo de vida o ideal, el cual termina fácilmente ocupando el lugar de Dios. No es necesario haber leído a Feuerbach para entender que en las imágenes que el hombre se hace de Dios, el hombre se diviniza a sí mismo. No parece que existamos como aquellos que echan al enteramente otro en falta. Es evidente que vivimos rodeados de nuestros semejantes. Ahora bien, de nuestros semejantes en realidad tan solo poseemos imágenes, aquellas ante las que reaccionamos más o menos amablemente. Damos por sentado que hay otros donde experimentamos su presencia a flor de piel, donde vemos quiénes son o con quién hemos de tratar. Sin embargo, aquí seguimos confundiendo lo que nos parece que es con lo que es en verdad. En medio del trato, la alteridad del otro es siempre presupuesta y, por eso mismo, obviada. Del enteramente otro no hay imágenes que valgan. Cuando menos porque la alteridad —el carácter enteramente otro del otro— es lo que no aparece en su aparecer. Por defecto, la alteridad es un resto invisible, lo inasimilable del otro. Nadie ve el yo de aquel con quien negocia, su continuo estar más allá de sí mismo, su indigencia. El yo de quien tenemos enfrente tan solo puede ser reconocido. De hecho, el yo siempre da un paso atrás con respecto a aquello que lo caracteriza. En sí mismo, no es nadie o, mejor dicho, *es* nadie. En sí mismo es su indigencia, su no terminar de ser en el aspecto que nos muestra. Como tal, el yo no es mucho más que su clamor. Aunque permanezca sepultado por las incontables máscaras del ego.

En cualquier caso, lo cierto es que, como decíamos, del mismo modo que después de la caída el hombre se queda sin aquel con respecto al cual es imagen, Dios se queda sin imagen en la que reconocerse. Así, al igual que el hombre deambula por el mundo en busca de su verdadero padre, ignorando que no se encuentra arriba en los cielos, sino absolutamente atrás, Dios, tras la negación de Adán, es como el yo que, sufriendo un ataque de amnesia, tiene pendiente su quién y que, por tanto, *aún no es nadie* mientras no se reconcilie con su originario modo de ser. La caída supone la escisión entre Dios y el hombre. Ahora bien, se trata de la escisión que hace posible, no solo el ateísmo, sino el malentendido de la religión. Al menos porque la religión suple la ausencia de Dios con imágenes a la medida del hombre. Desde el punto de vista de la

religión, la separación entre Dios y el hombre se comprende
como la de entes perfectamente delimitados, aun cuando se
dé por descontado que el hombre depende de Dios como el
perro depende de su amo. En tanto que es fruto del orgullo
de Adán, la separación religiosa entre Dios y el hombre falta
a la verdad. Pues, tras la ruptura, Dios pasa a ser un yo que
tiene en el aire, nunca mejor dicho, volver a ser quien es. El
hombre, en tanto que arrojado al mundo —en tanto que *sin
Dios*—, anda desesperadamente a la búsqueda de un padre
del que obtener la bendición que le asegure una identidad que
no comprometa su confianza en sí mismo, pero del mismo
modo que Dios, mientras no tenga lugar la reconciliación, se
revela como el Dios que clama por el hombre desde un pasado
inmemorial. En este sentido, no debería extrañarnos que el
hombre insista en ponerle un rostro a Dios como el niño
que fantasea con el padre que lo abandonó. Sin embargo,
ese rostro no será más que una proyección de sí mismo, de
lo que anhela para sí mismo —la belleza, el éxito, el poder.
En modo alguno, el hombre puede aceptar un Dios que no
termina de ser Dios sin la entrega incondicional del hombre.
Como arrancado de Dios, el hombre de entrada tan solo
puede reconocerse a sí mismo en relación con su ideal, un
reconocimiento que, sin embargo, no deja de ser frágil o
problemático. La idea que el hombre tiene de sí mismo, en
tanto que separado de Dios, arraiga en la imagen paradigmática del hombre, la cual, aunque se exprese en clave religiosa, representa la pretensión humana de suplantar a Dios.
El hombre es, como Narciso, el que intenta configurarse a
sí mismo desde sí mismo, reconocerse, al fin y al cabo, en
su propia imagen. Pero, como sabemos, Narciso terminó
ahogado en las aguas que lo reflejaban. No hay solución al

dilema de la existencia donde el hombre se busca a sí mismo desde sí mismo. La convicción de Israel es que el hombre está condenado a la perdición mientras no admita que es a imagen de Dios o, por decirlo con otras palabras, que su yo no le pertenece. El principio de la espiritualidad bíblica, como de cualquier espiritualidad, es que el centro se halla fuera de nosotros —que nuestro yo no es propiamente nuestro. De ahí que, bíblicamente, la libertad del hombre se decida en su fidelidad a Dios, en la obediencia al mandato que se desprende de su ausencia, el que nos convierte en rehenes de quien sufre un mundo sin piedad. Cualquier otra libertad somete al hombre a su inclinación, la cual, si lo pensamos bien, no es propiamente suya, sino del mundo. Un creyente, como dijimos, no es aquel que supone algo acerca de Dios, ni siquiera aquel que confía en la intervención de un *deus ex machina*, sino el que se encuentra sujeto por entero a la voluntad de Dios. Por eso la esperanza del hombre no depende de su esfuerzo moral. El hombre existe como el que ignora que tan solo es en relación con una pérdida fundamental, aquella que hace posible, sin embargo, que la vida pueda ser vivida como donación. El hombre no sabe quién es hasta que no sepa con quién está en deuda. Mejor dicho, el hombre tan solo puede saber quién es donde es reconocido por Dios como su imagen o, por decirlo a la cristiana, donde Dios salda la deuda del hombre con Dios.

Tras la caída, la incredulidad —la idolatría— deviene, por tanto, inevitable. El hombre nace para sí mismo en la negación de Dios. Como escindido de Dios, el hombre existe en el desprecio de Dios. Podríamos decir que su ateísmo le es consustancial, incluso donde cree que cree, lo que acaso sea peor. La creencia religiosa, en tanto que supone una divinidad que habita en su mundo como las focas en el suyo, enmascara nuestro connatural ateísmo. Incapaz de confiar en otras posibilidades que no sean las suyas, el hombre intenta una y otra vez cubrir el hueco dejado por Dios con sus imágenes de Dios. Pero estas no dejan de ser ídolos con pies de barro. En este sentido, no hay una diferencia de fondo entre el hombre que cree que puede prescindir de Dios y aquel que da por descontada la efectividad de un dios que de algún modo ampara su existencia. Ambos viven negando al Dios que va en busca del hombre, el Dios que no es aún nadie sin el *fiat* de su criatura. Consecuentemente, el creyente no es aquel que vive para sí mismo, confiando en la protección de Dios, sino quien no vive salvo para Dios, esto es, para aquellos hombres y mujeres cuyo clamar por Dios expresa el clamor de Dios por el hombre. De hecho, el creyente comienza su camino de vuelta a casa donde echa a Dios en falta. Y a Dios se lo echa en falta no entre las paredes del salón, donde fácilmente podemos suponer que no hay Dios, sino en medio de la desgracia, ahí donde la creencia de que hay un dios que nos ampara se revela como una provocación.

En resumen, no tener presente que la caída afecta tanto al hombre como a Dios supone quedarse con una lectura religiosa del relato bíblico, como si tan solo estuviéramos ante una variante de la historia arquetípica de la desobediencia humana. Tras la caída, la posición del hombre con respecto a Dios no es la de quien se comprende a sí mismo como aquel en quien Dios se reconoce, sino la de quien existe de espaldas a Dios y, por consiguiente, la de quien solo puede ver la espalda de un Dios en retirada (Ex 33). Dejamos atrás la verdad de Dios en el momento que nacimos para el mundo.

Hay verdad, pero no para el hombre que va religiosamente en busca de Dios, cuando menos porque quien pretende alcanzar a Dios por la vía religiosa tan solo encontrará un dios a su medida. El hombre habita el mundo como el que fue dejado de la mano de Dios porque *quiso irse* de la mano de Dios, aunque sobre este asunto volveremos más adelante, pues no se trata de una elección en el sentido habitual, sino de la elección que nos constituye aun antes de nacer, por decirlo así. Como hombres y mujeres somos, ciertamente, aquellos para los que no hay alteridad que valga. Al menos de entrada. Sin embargo, hay alteridad, aun cuando sea la de un Dios que se encuentra más allá de los mundos, como el Dios que tuvo pendiente su quién hasta el acontecimiento del Calvario.

20 DIOS Y EL TIEMPO

Caer es caer en el tiempo. Existimos en el tiempo porque Dios —el único en verdad otro— ha dado un paso atrás. De hecho, si el hombre pierde a Dios de vista, es porque Dios ha dejado de verse en su imagen. Pero por eso mismo, y como acabamos de decir, la caída afecta tanto al hombre como a Dios. Tanto el hombre como Dios devienen, por decirlo así, *nadie*, aun cuando el hombre crea que con sus éxitos ha logrado ser alguien. De ahí que ambos tengan pendiente *llegar a ser quienes son* desde un principio. Cristianamente, el hombre se equivoca cuando cree que la realización de su humanidad depende de su trabajo consigo mismo. Pues si el hombre pudo llegar a realizar su humanidad, fue porque Dios se reconoció de nuevo en el hombre, aun cuando fuera por su sacrificio incondicional. Si esto nos parece increíble o, si se prefiere, mítico, es porque lo es.

Sin embargo, de su carácter inverosímil no se desprende que no arrastre ninguna verdad. Al contrario. Estamos propiamente ante un mito que en modo alguno puede leerse como se leen los mitos habitualmente. El mito bíblico, al igual que el mito platónico de *Er*, no funciona como una historieta ejemplar o explicativa, aquella en la que cuanto sucede en el marco del relato nos permite comprender por qué el mundo es el que es —por qué, pongamos por caso, hay dos sexos en vez de tres o cuatro—, sino como un *a priori* trascendental, en el sentido kantiano de la expresión, aunque en clave imaginativa. En este sentido, el relato de la caída debería leerse como la historia antes de la Historia, como la historia que constituye la condición de posibilidad de la Historia. Así, y por seguir con la terminología kantiana, el *factum* desde el que se infiere el *a priori* trascendental es el hecho de que el hombre se comprenda a sí mismo como el arrancado de raíz. Estamos en el mundo como los que se encuentran expuestos a un Dios que no puede aparecer como dios. Este y no otro es el punto de partida de cuanto podemos decir acerca del Dios bíblico. El hombre, a pesar de que pueda asombrarse de la perfección de lo creado, no termina de encajar en el mundo. La idea de fondo es, por tanto, que el hombre existe en relación con la alteridad que tuvo que perderse de vista para que fuera posible, precisamente, habitar un mundo. Que el hombre caiga en el tiempo es, en consecuencia, el envés del repliegue de Dios a un pasado anterior a los tiempos y, por eso mismo, eterno. Contra lo que suponemos habitualmente, la eternidad no es un tiempo interminable, sino la negación del tiempo. Con su paso atrás, Dios se halla fuera del tiempo como el que es absolutamente otro (y por eso mismo como el que no aparece como tal). De ahí que, para Israel, la presencia de Dios sea la de aquel que se encuentra, y no circunstancialmente, fuera del campo de visión. Dios no juega al escondite. Nada es en el mundo porque nada aparece como absolutamente otro, sino como su representación o imagen. Y una representación o imagen del otro, al fin y al cabo, es una reducción de su alteridad al marco de una receptividad. Hay mundo porque Dios aparece como el que no aparece. Pero del mismo modo podemos decir que hay Dios porque hay mundo (y no porque supongamos que Dios creó el mundo a la manera de un demiurgo). La desaparición de Dios es la condición de posibilidad del mundo. El mundo es lo que es en tanto que tiene a Dios pendiente. Que estemos en el tiempo significa que nada permanece... porque nada termina de ser lo que parece. Ni siquiera los dioses cuya inmortalidad se dio por descontada. Como si habitáramos en una continua ilusión. El tiempo es un destructor implacable de cuanto se encuentra en el mundo. Todo pasa y nada tiene lugar. El carácter absoluto de Dios tan solo puede ser pensado como la pérdida fundamental que constituye la existencia o, en su defecto, experimentado como un haber sido dejados de la mano de Dios. Y esto es así, aun cuando estando perfectamente adaptados a nuestra circunstancia no nos lo parezca. Un dios al que tan solo cabe agradecer nuestro éxito es un dios del que podemos prescindir (y haríamos bien en prescindir). En este sentido, no es casual que bíblicamente solo aquellos que no cuentan para el mundo —el huérfano, la viuda, el inmigrante— sean los únicos capaces de dar testimonio de la verdad de Dios.

De lo anterior se sigue que el hombre, en tanto que liberado de Dios, no puede admitir la verdad del mito bíblico. Cuanto más se aleja de Dios, cuanto mayor es su autonomía o progreso, menos comprende el carácter trascendente de Dios, y por consiguiente mayor es su tendencia a considerar la verdad de Dios como superstición o, si se prefiere, a entenderla como la figura de una energía última e inefable. Cuanto mayor sea el progreso del hombre, mayor será su distancia con respecto a Dios y, por consiguiente, más ahondará en su *des-gracia*. Pues la caída en el tiempo es la caída en la oscuridad de una existencia sin alteridad. Un mundo sin Dios es un mundo habitado por mónadas leibnizianas. El tiempo, como el resultado del retroceso de Dios, es sin embargo un tiempo que apunta a un futuro que el hombre tan solo podrá aceptar como proyecto de sí mismo. Pero el futuro que el hombre se da a sí mismo y desde sí mismo, aunque sea con la excusa de la divinidad religiosa, no es más que un espejismo. Bíblicamente, el verdadero futuro del hombre esté ligado al futuro de Dios. Y viceversa, cuando menos porque el futuro de Dios, la posibilidad de reconciliarse definitivamente con su imagen, dependerá, como veremos, de la entrega incondicional del hombre. En cualquier caso, porque la historia solo es posible por la desaparición de Dios, el futuro de Dios —y por consiguiente del hombre— va con el final de la historia. Dios no se conjuga en presente de indicativo. No hay otra presencia de Dios que la de su ausencia, la cual apunta a un pasado y un porvenir igualmente absolutos. De ahí que el tiempo de Dios —cristianamente, el tiempo en el que Dios se manifiesta como crucificado— implique el fin de los tiempos, en el doble sentido de la expresión, el que nos permite hablar tanto de término como de cumplimiento. En tanto que la desaparición de Dios se revela como la condición de posibilidad del mundo, Dios es el Dios que se encuentra a faltar dentro de cualquier presente. Y ello aun cuando el creyente escuche el eco del sí originario de Dios en medio del bullicio ensordecedor del presente histórico. No es anecdótico que, desde el punto de vista de Israel, el pasado absoluto de Dios sea el envés de su absoluto *por-venir*. El mundo clama por Dios, aunque el hombre lo ignore.

21   A MODO DE BALANCE

La naturaleza disruptiva del credo cristiano tan solo se comprende en relación con una concepción religiosa de la divinidad. Tal y como hemos dicho, el Dios que se revela en el Gólgota como el Dios que aún no es nadie sin la fe del hombre, la cual solo puede darse, no obstante, bajo el implacable silencio de Dios y, por eso mismo, como entrega confiada al sí que fue pronunciado con anterioridad a los tiempos, en modo alguno puede concebirse como un Dios entre otros. Ahora bien, lo cierto es que muy pocos cristianos hoy en día se atreverían a dar por bueno lo que acabamos de decir. Para la mayoría de los que aún se consideran cristianos, Dios funciona como si su identidad nunca hubiera estado en juego, igual que si Dios no se hubiera identificado de una vez por todas con el que murió como un abandonado de Dios, en definitiva, como si la noción religiosa de Dios no hubiera sido significativamente alterada con la irrupción de un Dios crucificado. De hecho, muchos cristianos, si no la inmensa mayoría, siguen actualmente creyendo que es posible un

acceso directo a Dios. De ahí que Jesús de Nazaret por lo
común sea visto como si tan solo fuera el representante de
Dios o, en su defecto, como si fuera Dios mismo, aunque con
el aspecto del hombre. Pero no es esto lo que sostiene el credo
cristiano. Al contrario. Jesús no es un enviado de Dios, sino el
quién de Dios, el nuevo Adán, aquel en el que Dios se reconoce y, por eso mismo, llega a ser el que es. Ahora bien, debido
a la transformación histórica del cristianismo en cristiandad,
fue inevitable que la crítica moderna al imaginario religioso
tirase al niño cristiano con el agua sucia de la religión. O
por decirlo con otras palabras, porque la cristiandad durante
dos mil años hizo méritos de sobra para poder homologar-
se como religión, la crítica moderna a la devoción religiosa,
la cual es tachada sin ambages de superstición, condujo al
cristianismo a una profunda crisis de legitimidad. Por eso
quizá el único modo de recuperar el escándalo de la revelación cristiana sea dirigiéndola contra la lectura tópicamente
religiosa del cristianismo en tanto que esta se ha convertido, en la predicación y las prácticas habituales, en paganismo por otros medios, incluso, o quizá sobre todo, donde el
cristianismo se interpreta desde el marco conceptual de una
espiritualidad a la oriental. Pues, *tanto hoy en día como antiguamente*, un cristiano no puede dar razón de su esperanza
sin apartarse de los presupuestos en los que la divinidad se
da por descontada como ese ente paradigmático que tutela nuestra existencia *etsi crux non daretur* o, en su defecto,
como esa fuerza impersonal que sostiene cuanto es.

Con todo, la cuestión acerca de Dios no puede separarse,
como decíamos, de la pregunta por el sujeto capaz de Dios.
Cuando nos preguntamos sobre la posibilidad de Dios como
si nos preguntáramos por la posibilidad de que haya vida en

Marte, no hacemos otra cosa que cerrarnos a tal posibilidad. No puede haber Dios para quien se pregunta por la hipótesis de Dios. Dios no existe como el correlato objetivo de nuestras representaciones de Dios. Esto es obvio para el caso del no creyente, pero también, aunque no sea tan obvio, para quien cree en el Dios de la Biblia. Y no porque Dios, entendido como un ente supremo o una mente creadora, no pueda existir, sino porque en el caso de que existiera, ninguno de los dos podría admitirlo, precisamente, como Dios. Una mente creadora no es más, aunque tampoco menos, que una mente creadora. No hay diferencia formal entre el demiurgo de la religión y una inteligencia superior que se hubiera entretenido creando el cosmos que conocemos. Que se trate formalmente de lo mismo es irrelevante para el *homo religiosus* de la Antigüedad. Pues un dios es, por definición, un ente superior. Pero lo que distingue al *homo religiosus*, tanto del no creyente como de quien confía en el Dios de Israel, es que estos últimos no están dispuestos a arrodillarse, aunque no ciertamente por los mismos motivos, ante algo o alguien de otra dimensión, por muy extraordinario o fascinante que sea. Desde la óptica del ateísmo, tan solo hay creencias equivocadas sobre el carácter divino de lo que no es más que un poder que no terminamos de controlar. Para el no creyente, el que efectivamente nuestro mundo fuera el resultado del experimento de una inteligencia sobrehumana, únicamente demostraría, una vez más, que no lo sabíamos todo. *Matrix* sería, en este sentido, la película de un tiempo sin Dios. Como podemos leer en cualquier resumen de la trama, Matrix es la *máquina suprema* que ha creado un mundo de hombres y mujeres que, envueltos cada uno en una especie de vaina, viven en su particular mundo virtual.

De hecho, Matrix se alimenta de la actividad cerebral de sus criaturas. La supermáquina sería, ciertamente, divina para el *homo religiosus*, pero no lo es para los protagonistas de la película. *Matrix* no es una película religiosa, aunque pueda parecerlo. En realidad, es una película de acción. Tampoco es casual, ya que el hombre moderno se comprende a sí mismo en relación con lo que hace o es capaz de hacer. Con todo, Neo, el protagonista, no está exento de una cierta profundidad. Al margen de que asume su papel mesiánico, por decirlo así, sin estar seguro de que sea ese su destino —lo cual de por sí dice mucho sobre la inexistencia de un metarrelato que pueda proporcionarle una identidad más allá de lo doméstico—, de algún modo no puede evitar preguntarse, aunque sea implícitamente, de qué va el asunto. ¿Acaso la lucha contra Matrix es todo? Neo no termina de entenderse a sí mismo por las acciones que es capaz de realizar, por el papel que desempeña o le ha tocado desempeñar. Ahora bien, Neo no saca punta de la extrañeza que experimenta. Simplemente, permanece en ella, sin llegar a integrar la irreparable falta de una genuina alteridad. Ahora bien, esto último es, precisamente, lo que lo distingue del sujeto de la fe bíblica. A diferencia de Neo, el creyente se encuentra expuesto a la desmesura de una llamada insatisfacible que procede de la esencial invisibilidad de un Dios que tiene pendiente su quién. De hecho, esta llamada no deja de ser un lamento o clamor. Pues la extrema alteridad de Dios no permanece impasible, sepultada en un pasado anterior a los tiempos. La caída, como decíamos, afectó tanto al hombre como a Dios. En último término, la razón por la que, para el creyente, *Matrix* en modo alguno puede ser divina es que no hay alteridad que valga en cuanto podamos de algún modo re-

presentar. Pues representar es reducir. Para el sujeto de la fe, la
alteridad antes que pensada, se sufre como ausencia, como el
resto invisible de lo visible. Dios verdaderamente no se revela
como dios, sino como el Dios que en sí mismo no es aún nadie sin la obediencia incondicional del hombre. Neo, como
es obvio, no confía en la restauración de la unidad perdida
con el absolutamente otro. En cambio, el creyente es por
entero esta confianza. Creer es esperar lo imposible, aquello
que los mundos no pueden concebir como su posibilidad, en
tanto que la desaparición de Dios constituye, justamente, la
condición de posibilidad del mundo, de cualquier mundo.
Y esperarlo, como decíamos, desde la escucha del sí que fue
pronunciado con la Creación. De hecho, la crítica profética
a la idolatría no dice mucho más que un dios no es en verdad Dios y que, por eso mismo, no merece la postración del
hombre. Tan solo el silencio de Dios en Getsemaní nos do-
bla las rodillas hasta sudar sangre, un silencio que ahoga, sin
anularlo, el sí de fondo que el creyente es capaz de escuchar.
La irrupción del Dios cristiano altera de manera significativa
lo que religiosamente se entiende por Dios. Y esta alteración
no solo afecta a Dios, sino al hombre que se sitúa ante Dios.

De ahí que la pregunta por la existencia de Dios sea
inseparable de aquella que se interroga por el sujeto capaz
de plantearla o, mejor dicho, *por la situación desde la que cabe
plantearla*. Y no porque en dicha situación Dios se dé por descontado como el ente que dirige desde las alturas nuestra existencia o, cuando menos, la de sus elegidos. De hecho, es al
revés. Pues la situación de quien es capaz de Dios es la de
quien, desde un desamparo radical, invoca a un Dios que ni
siquiera puede suponer que exista. Evidentemente, estamos
ante un sujeto que no se encuentra en el mismo plano exis-

tencial que aquel que simplemente dice que Dios no existe
como puede decir que el yeti no existe. En este último caso,
el sujeto sigue confiando en su posibilidad. Y donde el sujeto confía en su posibilidad no hay alteridad como tal, sino
a lo sumo imágenes más o menos tratables de la alteridad.
Sin duda, cuando decimos hoy en día que Dios no existe,
nadamos a favor de la corriente. Pues culturalmente Dios
no se da ya por descontado, al menos como el Dios personal
de la tradición bíblica. No obstante, podríamos decir que el
hecho de que Dios no se dé por descontado —que Dios sea
el Dios de la promesa, un Dios *por-venir*— ya lo sabíamos
desde los tiempos de Moisés.

22 UN APUNTE SOBRE LA TEOLOGÍA DE BONHOEFFER

Como es sabido, Dietrich Bonhoeffer fue uno de los teólogos
que más nítidamente subrayó la distinción entre fe y religión. Condenado por los nazis a morir en la horca, mantuvo
desde la cárcel una correspondencia con su amigo Eberhard
Bethge, la cual fue posteriormente recogida como libro. En
dicha correspondencia encontramos la que quizá constituya
la reflexión de mayor alcance sobre qué supone ser cristiano en un mundo secular. Así, por ejemplo, en una de sus
cartas podemos leer que *los hombres, tal como de hecho son,
ya no pueden seguir siendo religiosos.* ¿Qué nos está diciendo
aquí Bonhoeffer? No que los hombres no puedan decirse a sí
mismos que creen, sino que creer, en el sentido religioso del
término, no es posible hoy en día. En cualquier caso, como
modernos, creerán que creen, pero en modo alguno podrán,

estrictamente hablando, integrar su creencia. No cabe seguir habitando un mundo de ángeles y demonios donde la ciencia ha disuelto la distinción entre nuestro mundo y un mundo normativamente superior. Es como si, diciendo que creemos en vampiros, no fuéramos con una ristra de ajos en el bolsillo. La existencia religiosa, entendida como aquella que supone que nos hallamos en manos de una variante del ángel custodio de nuestra infancia, no es una posibilidad que el hombre moderno pueda tomarse honestamente en serio. Creer o no creer en el Dios que nos saca las castañas del fuego a la manera del *deus ex machina* de las tragedias de Empédocles ha dejado de ser un opción real para nosotros. Que por lo común entendamos la posibilidad de creer en un abuelo espectral como análoga a la de quien se plantea, pongamos por caso, comenzar una dieta *detox*, es de hecho el síntoma de que ya no nos comprendemos a nosotros mismos como aquellos que se encuentran originariamente expuestos a un Dios que no termina de ser Dios con independencia de su hacerse hombre. El sujeto de la Modernidad, en tanto que confía antes que nada en las posibilidades de un dominio técnico del mundo, difícilmente se situará ante Dios tal y como se situaron los primeros cristianos. Creer no es tan solo suponer que hay un Dios como puede haber vampiros, sino un vivir a flor de piel nuestro hallarnos en sus manos, las cuales, como veremos, no son otras que las de los crucificados con los que Dios se identifica. En este sentido, decía Bonhoeffer que un Dios que existe, no existe, o cuando menos no existe como dios. Así pues, la cuestión sobre la existencia de Dios no puede legítimamente plantearse como si nos preguntáramos sobre la posibilidad del bosón de Higgs. Sencillamente, hay Dios porque hay hombre. Y viceversa.

Aun cuando la realidad de Dios no sea la que imaginamos religiosamente, sino la de aquel que eternamente da un paso atrás en su aparecer como un resto de hombre. Hay, por tanto, Dios. Aunque quizá ya no espontáneamente para nosotros. La pregunta es por tanto en qué medida podemos aún incorporar la verdad de Dios, la cual es, cristianamente, el tener lugar de Dios como hombre y del hombre como el quién de Dios. Para responderla quizá tengamos en primer lugar que poner contra las cuerdas al sujeto de la Modernidad. Pero de esto nos ocupamos a continuación.

II

UNA CRÍTICA DE LA SUBJETIVIDAD MODERNA

*Una trascendencia a la que nosotros convirtiéramos
en objeto de demostración en lugar de afirmarla como
postulado del pensamiento no supondría sino el cierre de
una razón que se comprende a sí misma.*

DIETRICH BONHOEFFER

I LOS TRES TIPOS DE SUJETO

Hay tres tipos de sujeto o modos fundamentales de estar en el mundo. En primer lugar, tendríamos al *homo religiosus*, el cual da por descontado que estamos sometidos a poderes invisibles con los que deberíamos negociar. Ciertamente, no parece que hoy en día podamos partir de la convicción del *homo religiosus*. Sin embargo, nos equivocaríamos si creyéramos que el *homo religiosus* desapareció del mapa con la crítica ilustrada a la superstición, pues de algún modo sobrevive en aquellos que consideran, sensatamente, que existimos en medio de aguas que nos cubren, como decía Thomas Merton, o si se prefiere, en relación con una fuerza de fondo a la que deberíamos conectarnos si queremos liberarnos de la

coraza que impide que nuestra verdadera naturaleza, refle-
jo de dicha fuerza, se manifieste plenamente. En segundo
lugar, tendríamos al que podríamos denominar *sujeto de la
reflexión*, aquel que, distanciándose de una adhesión inercial
al lugar común, se pregunta acerca de lo que hablamos cuando hablamos de lo que importa. El sujeto de la reflexión no
puede evitar interrogarse sobre la realidad a la que apuntan
aquellas palabras que confieren una dirección a la existencia, aun cuando nunca logre una respuesta que no dé pie
a nuevos interrogantes. El sujeto de la reflexión es, como
podemos intuir, el sujeto de la filosofía. Pues el filósofo no
ama otra cosa que la verdad, entendida no tanto como la
correspondencia entre nuestras representaciones mentales
y el mundo, sino como lo que en verdad acontece por encima o debajo de lo que inicialmente nos parece que es. En
este sentido, la pregunta por la verdad sería antes que nada
la pregunta por lo que hay de sólido en nuestra existencia.
De ahí que su actitud fundamental sea la de una sospecha
sobre lo supuesto, sobre lo que *se* dice, *se* hace, *se* toma
por bueno o, cuando menos, por deseable. No debería sorprendernos, por tanto, que el resultado del amor por la
verdad no sea tanto la verdad, pues al fin y al cabo nunca
terminaremos de saber de lo que estamos hablando cuando
nos llenamos la boca con nuestras grandes palabras, como
permanecer a una cierta distancia de lo dado, se trate de
una idea o una inclinación. Como si el filósofo no pudiera
adquirir otra convicción que la que sostiene que no hay
convicción que no ande con pies de barro. Finalmente,
tendríamos al *creyente* de las tradiciones bíblicas (a partir de
ahora simplemente el creyente), el cual se comprende a sí
mismo como el que se encuentra por entero sujeto a Dios

o, mejor dicho, a la voluntad o mandato que se desprende del originario paso atrás de Dios. Quien cree en un Dios crucificado no cree como quien sospecha que hay vida en los confines de la galaxia. Propiamente no hay fe, sino en cualquier caso expectativa, donde simplemente suponemos que *hay algo más allá*.

Ciertamente, para muchos, la fe es un gabán que protege de la intemperie pero del que podrían perfectamente prescindir si llegase a cambiar el clima. Pero aquí no habría propiamente fe, sino una hipótesis consoladora, cuya razón de ser arraiga en la necesidad de amparo del hombre. Para quien confía en el Dios que se reveló colgando de una cruz, la fe no es un gabán, sino la horma que lo configura precisamente como *subjectum*. El yo del creyente se ubica, literalmente, fuera de sí mismo. Su yo es otro; en último término, el absolutamente otro. Y no porque desconozca qué rasgos lo caracterizan como hombre o mujer en particular, sino porque ha caído en la cuenta, aunque pagando un alto precio, de lo frágil de una identidad que no obedezca al imperativo que nace de un Dios en falta. Para el creyente, la libertad —el querer— solo es posible como respuesta a la demanda infinita que nace de las gargantas de quienes sufren la ausencia de Dios, los que no cuentan para nadie. Sin duda, esto no parece que haga buenas migas con el ideal filosófico del dominio de sí, el cual no puede reconocer otra dependencia que la de los principios de la razón. De ahí que tan solo pueda hablar de Dios, en el caso de que lo haga, desde el lado de su inquietud por la verdad, no desde el lado de Dios. La pregunta filosófica con respecto a Dios siempre será qué es Dios o, si se prefiere, en qué consiste la *cosa última*, si es que se trata propiamente de una cosa, en modo alguno aquella que se interroga por lo que pueda querer

Dios del hombre. Desde la confianza en las posibilidades de la reflexión, la alteridad únicamente llega a constatarse intelectualmente como esa realidad que trasciende el plano de las apariencias y que, por eso mismo, tan solo puede ser pensada como un eterno diferir de lo sensible. Como si Dios no fuera —no pudiera ser— un quién, sino a lo sumo un qué, aunque, como tal, se encuentre más allá de la esencia. El sujeto de la reflexión no se siente llamado por Dios, sino en todo caso impulsado por el deseo de alcanzar o participar del principio último de cuanto es, al que tanto puede llamar *Dios* como *arkhé*. Pues aquí el nombre es lo de menos. En este sentido, el sujeto moderno, en tanto que espontáneamente se encuentra *sujeto a* la norma de la sospecha, es el heredero de la actitud filosófica, a pesar de que haya convertido dicha actitud en un tópico o lugar común y, por consiguiente, en una postura desprovista de la genuina turbación socrática. Podríamos decir que el sujeto moderno se queda únicamente con el lado más crítico de la actitud filosófica, olvidando que la filosofía no solo obedece al espíritu de la sospecha, sino también al del asombro. De ahí su dificultad con respecto a Dios. El sujeto moderno no puede aceptar que, como hombres y mujeres, estemos *sin Dios pero ante Dios*. Simplemente, admite la posibilidad de que algunos crean por su cuenta y riesgo en una divinidad personal como quien supone que hay marcianos entre nosotros. No parece, en cualquier caso, que el yo de quien se sitúa en esta posición sea homologable con el de quien se comprende a sí mismo como el que se encuentra en manos de un Dios que tuvo que desaparecer para que pudiéramos habitar un mundo, cosa que, si se piensa bien, tiene mucho de desconcertante, por no decir inverosímil.

Por consiguiente, la diferencia entre el *homo religiosus*, el creyente y el que simplemente niega que haya Dios no es relativa tan solo al contenido de sus creencias. Tiene que ver sobre todo con el tipo de sujeto que hay detrás. El sujeto de la fe no es el mismo que aquel que da por descontado que hay divinidad como quien da por sentado que hay estrellas que no vemos, pero que podríamos ver si estuviera dentro de nuestro campo de visión. Ni por supuesto el mismo que el que actualmente rechaza la palabra *Dios* por irrelevante. La cuestión por tanto no es qué razones podrían justificar nuestras afirmaciones acerca de Dios —tanto las del creyente como las del no creyente—, sino qué sujeto hay detrás de cada postura teórica o vital. Esto es, la cuestión no trata al fin y al cabo de creencias, sino de quiénes somos en última instancia. Y es que no todos nos encontramos en el mismo plano. El Dios que exige ser reconocido no puede ser reconocido desde cualquier situación.

Una postura teórica o vital no deja de ser una *postura*, en el sentido corporal del término. No hay que ser materialista dialéctico para afirmar que la existencia precede a la esencia, lo cual no es exactamente lo mismo que decir que siempre vemos las cosas desde un determinado punto de vista o situación. Esto último es elemental. No tanto lo primero. Pues del que hayan diferentes ópticas no se desprende, lógicamente, que todas valgan por igual, sobre todo si hay algo que pide ser visto. La tesis epistemológica del materialismo dialéctico no apunta propiamente a las creencias particulares, sino a los presupuestos que configuran una cosmovisión frente a otra. Y estos, según dicha tesis, son más existenciales que teóricos. Desde la óptica del materialismo dialéctico, el hombre es lo que hace. Si el capitalismo, pongamos por caso, nos convierte sobre todo en consumidores, entonces *no es posible* que haya nada sagrado en el mundo. O mejor dicho, que podamos reconocerlo. Todo se nos ofrece desde la posibilidad de su consumo, desde los bosques hasta el cuerpo de los demás. En cualquier caso, habrá cosas que consideraremos sagradas porque así nos lo parece, por lo que evocan o significan para nosotros, pero en modo alguno serán, en sí mismas, sagradas. En lo que respecta al asunto del sentido, modernamente creemos que no es posible pasar de *lo que nos parece que es* a *lo que es con independencia de lo que a nosotros nos pueda parecer*. La cuestión del valor o el significado queda modernamente relegada al ámbito de lo subjetivo, ámbito en el cual no cabe plantear la pregunta por la verdad. La Modernidad da por sentado que no hay razón, casi en el sentido matemático del término, que nos permita discriminar entre las pretensiones de verdad de las diferentes valoraciones que podamos hacer de cuanto sucede o nos pasa. El modo de ser sujeto en los tiempos modernos no es el mismo que en la Antigüedad. Y esto no afecta solo al sujeto, como es obvio, sino también a lo que entendemos por real. Modernamente, no hay otra realidad que la que podamos ingerir, por decirlo así. En la Modernidad, el valor no arraiga en la naturaleza sino en el sujeto, lo que implica decir que, para nosotros, no hay valor que valga, al menos porque el valor no se crea, sino que se reconoce. Y así, cada uno le da valor o sentido a las cosas según su interés. Con ello, el valor ha perdido culturalmente el carácter trascendente o *incomestible* que tuvo en el origen. De ahí que hoy en día tiendan a equipararse valor y gusto. Pero de esto no se desprende que estemos más cerca de la verdad. Puede simplemente que nos hayamos vuelto incapaces de reconocer el vínculo entre el valor y lo sagrado, al fin y al cabo, de ver que lo sagrado arraiga, no en lo que nos parece, sino en la intangibilidad de cuanto es en verdad otro.

Consecuentemente, no cabe una crítica de la creencia en Dios sin antes plantear una crítica de las diferentes posturas o posiciones existenciales en las que podemos encontrarnos. Esto es, la crítica a la creencia religiosa es incompleta, por no decir tramposa, si no va acompañada de una crítica de los diferentes modos de ser sujeto. Ciertamente, la crítica ilustrada a la superstición entiende al creyente como menor de edad. Pero la reacción cristiana a dicha crítica se ha limitado, por lo común, a justificar, aunque diría que en vano, el sentido actual de la creencia en una divinidad personal, sin abordar la diferencia entre los modos fundamentales de ser en el mundo. Ahora bien, donde no se tiene en cuenta esta diferencia, donde no se ponga contra las cuerdas la manera como el sujeto se comprende modernamente a sí mismo, la apologética cristiana fácilmente terminará defendiendo la legitimidad de una fe irrelevante. Como si tan solo se ocupara de legitimar una hipótesis. Al fin y al cabo, se trata de plantearse de nuevo la pregunta bíblica acerca de quién será capaz de Dios o, mejor dicho, bajo qué situaciones. Sin embargo, es igualmente cierto que la crítica del sujeto moderno tampoco será posible si no nos preguntamos al mismo tiempo de qué hablamos cuando hablamos de Dios. Al menos porque si Dios es real, aun cuando su realidad no pueda entenderse como el correlato objetivo de nuestras representaciones de Dios, entonces el hombre se equivoca donde supone que puede vivir al margen de Dios, como se equivoca quien sigue creyendo que la Tierra es plana. Sencillamente, el hombre riega fuera de tiesto donde se comprende a sí mismo como proyecto. Pues como proyecto de sí el hombre tan solo alcanzará a ser un *proyectado* sobre el fondo neutro de la existencia a la manera de un espectro que ignora de quién es imagen.

De lo dicho hasta ahora se desprende, como indicábamos hace un momento, que los diferentes modos de estar en el mundo no se encuentran en el mismo plano. Pues, como decía Platón, una vida reflexionada, una vida que vuelve sobre sí misma, posee más valor que una vida sin reflexionar. Donde vivimos sometidos a la inmediatez de nuestra circunstancia vivimos como esclavos de lo impersonal. Como si fuéramos bolas de billar. Y no es lo mismo vivir como esclavos que por encima de cuanto pueda sucedernos, esto es, con una cierta libertad interior. De ahí que una igualdad por defecto o decreto sea un prejuicio moderno. No es cierto que, en lo que respecta a la cuestión acerca de lo que importa, todos nos situemos en un mismo plano y que tan solo nos diferenciemos por nuestras preferencias.

La igualdad que predica el cristianismo no es una igualdad por defecto. Para el cristianismo, los hombres tan solo son iguales ante Dios, lo cual significa que donde nos encontramos en los tiempos de Dios, los tiempos en los que el cielo cae sobre nuestras cabezas como si no hubiera Dios, tanto los sabios como los simples —tanto los elevados como los hundidos en el fango— se encuentran en la misma posición de salida. Esto es, nadie puede decir quién dará el primer paso hacia la viuda, el huérfano, el inmigrante, aquellos en cuyo clamor resuena el clamor de Dios por el hombre. De hecho, según los evangelistas, este primer paso no suelen darlo los familiarizados con Dios, los escribas o sacerdotes, sino los humanamente embrutecidos, las putas y los publicanos, hombres y mujeres en los que no nos atreveríamos a confiar. Cristianamente, lo decisivo no es lo que podamos hacer con nosotros mismos, sino la respuesta que podamos darle a la voz que nace de los estómagos del hambre y en última instancia a un Dios que se pone en manos del hombre.

2 EL SUJETO DE LA REFLEXIÓN

Quien reflexiona sobre lo dado —quien ha hecho del examen de sí un modo de ser en el mundo— vive en un permanente estado de suspensión. Una vez nos preguntamos de qué estamos hablando cuando hablamos de lo que al fin y al cabo importa no parece que haya un final. La realidad que pudiera haber detrás o por debajo de las palabras que dotan de un sentido a nuestra existencia no es una realidad que quepa señalar como cabe hacerlo con las palabras *árbol* o *foca*. Su significado, salvo el meramente formal, permanece en el aire. Así, estaremos de acuerdo en que, pongamos por caso, es justo darle a cada uno lo que se merece. Pero no en qué se merece cada uno. La concreción del mérito depende de una sensibilidad que de por sí es relativa a su época o circunstancia. Así, fácilmente decimos que *es* justo lo que tan solo se nos muestra como justo… aun cuando, situados en otro punto de vista o bajo otra sensibilidad, podría no mostrársenos como tal. Y es que por poco que pensemos nos daremos cuenta de que las decisiones que consideramos indiscutiblemente justas quizá no lo sean tanto. Siempre podemos colocar entre paréntesis el carácter justo de la decisión justa. Basta con que nos pongamos en la piel de quien no ve las cosas como nosotros. Es como si las grandes palabras nos quedaran, precisamente, grandes. Como si tan solo pudieran encarnarse hasta cierto punto o relativamente. Pues,

aunque sepamos que lo justo es formalmente darle a cada
uno lo que se merece, nunca terminamos de saber qué se
merece en concreto cada uno. Ello dependerá siempre de qué
pueda parecernos justo en un momento dado. La incerti-
dumbre es el horizonte infranqueable de nuestra existencia.
No hay propiamente saber, sino en cualquier caso un creer
que sabemos algo.

De ahí que la reflexión —el volverse sobre uno mismo y,
en definitiva, sobre las creencias que inicialmente nos configuran— nunca deje las cosas como estaban. De hecho, las
deja tambaleándose. Hegel decía que donde irrumpe la reflexión no vuelve a crecer la hierba. Y, como cabe suponer,
no andaba desencaminado. Pues para quien se atreve a cuestionar lo dado, nada termina de ser lo que en un principio
parece. Nada que tenga que ver con el valor o el sentido de
cuanto nos traemos entre manos se da entera o incondicionalmente. Después de haber puesto contra las cuerdas lo que
socialmente *se* dice o *se* hace, resulta muy difícil que podamos volver a situarnos ingenuamente ante lo que *se* da por
sentado. Cuando uno se plantea según qué preguntas, no
hay vuelta atrás. Es improbable que podamos tomarnos de
nuevo en serio nuestras creencias o, incluso, nuestros deseos,
salvo quizá irónicamente. Y la ironía, antes que un tropo
de la retórica clásica, es una actitud existencial. Como si el
irónico, el que anda por el mundo discrepando de sí mismo,
fuera un actor que interpreta sinceramente su papel porque
sabe que su identidad posee la fragilidad de las máscaras; al
fin y al cabo, sabe que tras las máscaras no hay nadie, sino
en cualquier caso un yo que clama por tener un rostro. Un
irónico nunca dirá, por ejemplo, *te amo*, sino *como dice el
poeta, te amo*, lo cual no implica necesariamente insinceri-

dad, pero sí una cierta distancia interior. Como decíamos, su sinceridad es la del actor que se toma en serio su papel. Sin embargo, puede que el actor ignore que la reconciliación, la integridad a la que aspira nunca podrá determinarse desde sí mismo, desde su voluntad de *ser* alguien. No hablamos, por tanto, de las creencias que podamos tener, sino del modo de situarnos ante ellas. El yo que no se diferencia de sus creencias sobre cuanto lo rodea, mejor dicho, aquel que vive como si coincidiera con su creencia, no es el mismo yo que, tras ponerlas en suspenso, se relaciona irónicamente con ellas. El sujeto de la reflexión, a diferencia del *homo religiosus*, no permanece pegado a su creencia más espontánea. Tampoco, me atrevería a decir, el creyente. Al menos porque la convicción creyente es que solo Dios sabe hasta qué punto creemos en él. Sin embargo, la diferencia entre el creyente y el filósofo pasa por que, en el primer caso, el desencaje no es el resultado de una vida que se examina a sí misma, sino el de un haber topado con la *altura* de Dios y, por eso mismo, con el clamor de los que no parece que cuenten para ningún dios. Sea como sea, cuanto más cerca de la verdad, más lejos. Como si la verdad fuera el horizonte asintótico de nuestro estar en el mundo.

Podríamos decir que la actitud fundamental de quien se vuelve sobre sí mismo no es tanto la del asombro como la de la sospecha. Sencillamente, quizá las cosas no sean tal y como nos parece que son. El sujeto de la reflexión habita en la extrañeza de sí, y por eso mismo es consciente de su diferir con respecto a sus creencias y sentimientos más naturales. Ciertamente, este diferir es el sello del animal consciente. Pero no es lo mismo vivir como si no difiriéramos de nosotros mismos que vivir a flor de piel esta continua diferenciación de sí. Quien parte de la sospecha, en tanto que espectador de sí mismo, nunca termina de encontrarse por entero en donde está. Como si fuera un dios en el mundo. El problema es que para el que vive a una cierta distancia de sí no cabe otra alteridad que la que se perdió de vista. Pues si las creencias o sensaciones sobre cuanto lo rodea son, por defecto, puestas en duda, difícilmente habrá una puerta emocional por la que el otro pueda entrar *avant la lettre*. Como decíamos antes, la única manera de que el filósofo pueda habitar entre los hombres es tomándose la vida como el actor que asume su papel. El destino del sujeto de la reflexión es la soledad. Para una existencia en suspenso no hay modo de salvar el hiato que media entre lo que le parece que es y la alteridad como tal. Las apariencias no dejan de ser las sombras de lo real, aquellas que nos seducen mientras permanezcamos en el fondo de la caverna. La alternativa es, por tanto, o vivir por encima de cuanto nos sucede, lo cual supone haber alcanzado una cierta libertad interior, o seguir presos de la inmediatez y, en definitiva, de lo gregario. Esto es, o soledad o rebaño.

Para el creyente, en cambio, la alteridad no se manifiesta principalmente como el resto invisible de lo visible —como eso que perdimos de vista en su mostrarse—, sino como la voz que nos juzga desde un pasado inmemorial. Nacemos con una demanda sobre la espalda, cuando menos porque existir supone haber tenido que matar al otro. Aunque sea a golpe de indiferencia. Es lo que tiene el *conatus esse conservandi* (el esfuerzo por la autoconservación) que decía Spinoza. Quizá tuviera razón Leibniz al imaginar nuestro mundo como un mundo poblado de mónadas. La existencia es siempre una existencia solitaria, a pesar de que podamos

vivir inmersos en medio de la multitud y, por tanto, sepulta-
dos por las sensaciones de pertenencia. Pues lo cierto es que
nacemos como arrancados. Otro asunto es que poseamos la
suficiente lucidez como para verlo —que espontáneamente
creamos que lo único que nos falta es lo que aún no poseemos. La reflexión no añade más, aunque tampoco menos,
que un caer en la cuenta de la impostura que socialmente
nos constituye. De ahí que lo que pone en juego la reflexión
sea la posibilidad de una mayor conciencia acerca de quienes
somos y, por extensión, una mayor libertad con respecto a
nuestra inicial sumisión a la circunstancia. El error existencial acaso consista en vivir de espaldas a nuestra condición
de arrojados. Como si fuera posible arraigar en el mundo.

En este sentido, no es casual que Martin Buber dijera
que la enfermedad espiritual de nuestro tiempo es aquella
en la que el individuo que se dirige a Dios —el individuo
que reza— no puede evitar preguntarse por el sentido de
su dirigirse a Dios. Una vez ponemos en cuestión nuestras
creencias más espontáneas acerca de Dios, ya no cabe situarse naturalmente ante la radical alteridad de Dios. De
ahí que, para el sujeto de la reflexión, lo primero no sea un
hallarse expuesto a Dios, sino a su representación o idea de
Dios. Como acabamos de decir, el sujeto de la reflexión inevitablemente se aleja de aquellas creencias con las que de
entrada se identifica. Quien se atreve a pensar con una cierta
radicalidad se sitúa en un estado en el que no se siente vincu-
lado a nada de lo que damos grupalmente por descontado, a
nada que le haya sido dado de antemano como presupuesto
o prejuicio. Así, desde su punto de vista, cuanto damos por
sentado es mera *doxa*, literalmente, un brillo que carece de
consistencia, el parloteo de quienes nada tienen que decir.

Ahora bien, el sujeto de la reflexión, al no encontrarse inmediatamente en contacto con la inadecuación de lo en verdad otro, sino en cualquier caso con la representación mental de dicha inadecuación, pierde de vista, literalmente, la alteridad propia de lo real, por no decir de la alteridad de Dios. Su mundo no es un mundo de presencias invisibles, sino en cualquier caso un formidable espejismo. Ni siquiera se deja conmover por aquellas imágenes que traducen, aunque al mismo tiempo falsifican, la radical trascendencia de una genuina alteridad. Tampoco, sin embargo, puede ser de otro modo. El sujeto de la reflexión siempre juega al solitario. Es el precio que pagar por situarse en la posición de quien cree que posee las llaves del saber, aun cuando al final tenga que admitir que no es posible ningún saber acerca de cuanto importa. Quizá el hombre esté condenado a no poseer de manera consciente lo que tácitamente sabe hacer. Como en el caso de la escolopendra, la cual sabe cómo mover sus cien pies... mientras no se lo pregunte.

Ciertamente, la alteridad propia de lo real siempre queda más allá de su representación o imagen. Pues lo que no se ve en lo que se ve es, precisamente, que se trate de algo en verdad otro. En lo que respecta a la representación mental que nos hacemos de algo, no hay diferencia entre un mundo real y otro virtual en el que tuviéramos esa misma representación. La única diferencia pasa por que en el primero creemos, por los motivos que sean, que esa representación se corresponde, al menos hasta cierto punto, con algo que se encuentra fuera de la mente. Sin embargo, teniendo en cuenta únicamente nuestras representaciones mentales, no es posible distinguir entre ambos mundos. Pues lo cierto es que en ambos la representación apunta a una realidad exterior (que la haya o no, como en el caso de la alucinación, es otro asunto). En esto consiste, de hecho, el carácter intencional de la conciencia. No hay conciencia que no sea conciencia de algo que en principio creemos que existe en y por sí mismo, esto es, con independencia de que lo veamos o pensemos. La representación del mundo presupone inevitablemente un ahí. Y este presuponer es, precisamente, lo que la duda escéptica pone en cuestión. Que haya efectivamente un ahí y no solo conciencia de un ahí exige un saber que, en el caso de que lo haya, no puede apoyarse tan solo en lo que nos parece que es el caso.

Sea como sea, lo cierto es que no es lo mismo pensar la naturaleza sobreabundante de la alteridad que encontrarse sensiblemente enfrentado a ella. El filósofo puede tener en la cabeza el exceso de lo absolutamente otro, pero no incorporarlo. Difícilmente puede llevar impreso sobre la propia piel el riesgo de la alteridad. Pues para integrar dicho riesgo, debería poder tomarse en serio las imágenes, por lo común sobrecogedoras, con las que dicho exceso se hace presente a una sensibilidad. Y no hay filósofo que *pueda* tomárselas en serio. Sin duda, tales imágenes podrán conmoverlo, pero no por eso creerá espontáneamente en ellas. El filósofo es más consciente de la traición de las imágenes que de su expresividad. Es lo que tiene haber puesto en suspenso el carácter inmediato de la experiencia. No es casual que el filósofo termine por lo común defendiendo la escisión entre cuerpo y alma. Como si los cuerpos no fueran con él. Ni siquiera aquel con el que se levanta y acuesta. Así, el filósofo, cuando piensa la alteridad, necesariamente la comprende como el *algo-ahí* inaccesible de nuestra percepción de la realidad, un *algo-ahí* que, sin embargo, no podemos dejar de dar por descontado. El filósofo —el sujeto de la reflexión— tarde o temprano cae en la cuenta de que si vemos lo que vemos es porque el carácter enteramente otro de lo que vemos se sustrae a la visión. Este carácter absolutamente otro de lo real es lo esencialmente trascendente, el *non plus ultra* de la experiencia. Sin duda, donde se nos apareciese de repente un fantasma, pongamos por caso, no podríamos evitar la impresión, por no decir la convicción, de que estamos frente a un ser de otro mundo o dimensión. Pero esto sería así solo porque aún no nos hemos acostumbrado a su presencia. Una vez lo hiciéramos, el fantasma pasaría a formar parte del mundo que conocemos. El fantasma, debido a su extrañeza, representa, al menos en un primer momento, el más allá, pero no es propiamente nada en verdad trascendente. Un fantasma es, de hecho, una imagen del otro como tal, una figura, y solo una figura, de la alteridad. Para el sujeto de la reflexión tan solo cabe una trascendencia, a saber, la del carácter absolutamente otro de cuanto se muestra a una sensibilidad.

En tanto que siempre se encuentra supuesta en la visión de cuanto nos traemos entre manos, la alteridad es lo obviado en la percepción de lo real. El carácter otro de lo que vemos *como* otro únicamente puede ser pensado como eso que se perdió necesariamente de vista en su mostrarse o aparecer. Ver supone reducir lo visto al marco de una sensibilidad. Y lo que la reducción deja atrás es, de hecho, la naturaleza de por sí intangible de la alteridad. Así, esta es o aparece en tanto que en sí misma desaparece o deja de ser. La reflexión, sin duda, puede llegar a la convicción de que, puesto que a través de los sentidos no cabe ir más allá de lo que nos parece que es, lo enteramente otro es la *ignotum X* del mundo o, en términos metafísicos, lo absoluto, literalmente, lo separado o incondicional, el *en sí* que como tal no admite una representación o imagen. Para el sujeto de la reflexión, la alteridad propia de lo real en última instancia solo podrá ser, como decíamos, pensada pero en modo alguno experimentada, salvo como ausencia. Sin duda, incorporamos la extrañeza propia de la alteridad a través de las figuras que la representan, pongamos por caso la del fantasma o el *monstruo*. Pero el monstruo solo es monstruoso mientras, como decíamos a propósito del fantasma, no nos acostumbremos a su presencia. La alteridad *tout court* no aparece en la figura que la representa. Precisamente porque la *re-presenta*. Algo —o alguien— enteramente otro, en tanto que permanece fuera del horizonte de la representación, no es algo a lo que quepa acostumbrarse. Sencillamente, nada enteramente otro puede aparecer como enteramente otro. De hecho, el otro aparece o se muestra a una sensibilidad porque su alteridad propiamente dicha no aparece en el campo de visión.

Con todo, lo cierto es que la *ignotum X* de la experiencia, desde la óptica de la reflexión, no puede ser más que un algo esencialmente por ver, en modo alguno un alguien. La inquietud de la existencia filosófica no responde a ninguna interpelación. Su origen no es propiamente un estar *sub iudice*, sino una inquietud por la verdad —por lo que en verdad acontece o tiene lugar; en definitiva, por lo *sólido*—, inquietud que procede tanto del asombro ante el exceso de lo real como de la sospecha sobre nuestras convicciones iniciales. Por eso mismo, el filósofo no puede ir más allá del *qué*, aun cuando termine aceptando que se trata de un *qué* siempre pendiente. El sujeto de la reflexión a lo sumo se instalará en la finitud, pero no en la posición de aquel al que se le exige una respuesta. Para el sujeto de la reflexión, la alteridad no irrumpe como la voz que lo *pro-voca*, sino como la desmesura que causa su admiración. Sencillamente, la alteridad del *alguien* ha dejado de ser el *prius* de la existencia para quien se pregunta sobre la verdad de sus creencias más o menos espontáneas sobre cuanto lo rodea. De hecho, si es posible cuestionarlas, es porque el yo se ha alejado del peligro que supone el carácter esencialmente insólito de una alteridad *avant la lettre*. No obstante, como veremos a continuación, la pérdida del sentido de la alteridad no es tanto el resultado de la reflexión como su condición de posibilidad.

3   DESCARTES COMO RETÓRICO

Como suele leerse en los manuales de filosofía, las *Meditaciones metafísicas* constituyen el pistoletazo de salida del pensamiento moderno y, por tanto, de la legitimación de la certeza como el sello de la verdad. A partir de Descartes, la subjetividad se impone como el ámbito en el que se decide cuanto podamos saber. Y no hay propiamente saber donde no estamos absolutamente seguros de lo que sabemos —donde no cabe certificarlo. El sujeto moderno es, en este sentido, soberano y, por eso mismo, no se siente en principio sometido a ninguna divinidad ni, por supuesto, juzgado. Más bien se entiende a sí mismo como el que decide qué puede ser o no admitido como verdadero o digno de confianza. O incluso como divino. Ahora bien, es sabido que Descartes, en las *Meditaciones metafísicas*, demuestra la existencia de Dios. La tesis es que la idea de Dios desborda los límites de la conciencia, en tanto que no podría ni siquiera ser pensada, si Dios no existiera.

Esto es, la idea de Dios implica necesariamente su existencia. Podemos tener la idea de árbol o de caballo, aun cuando de hecho no haya ni árboles ni caballos. Pero no es posible tener en mente la idea de Dios sin que haya Dios. Y es que la certeza de sí va con la conciencia de la propia finitud o contingencia. El yo tan solo puede estar seguro de su existencia *mientras* piensa. En modo alguno puede asegurar su realidad más allá de la actividad del pensar. Por consiguiente, la certeza de sí no se impone como una certeza sobre el carácter ónticamente absoluto del *cogito*, sino al contrario, como aquella evidencia condicionada por la propia actividad mental. El sujeto se comprende a sí mismo como principio y fundamento de cualquier posible saber, pero en modo alguno de su propia existencia. Así, el argumento por el que Descartes llega a demostrar la realidad de Dios es al fin y al cabo simple. Dios, en tanto que *res infinita*, es o bien la proyección de la finitud del *cogito*, o bien el marco en el que tiene lugar la conciencia de la propia finitud. Descartes entiende que en realidad se trata de lo segundo. Pues finitud es limitación. La conciencia de sí como conciencia sometida al límite temporal de la actividad mental solo es posible en el contexto de lo que se halla fuera del límite. No seríamos capaces de percibir, pongamos por caso, que nos hallamos encerrados en una habitación si, de algún modo, no tuviéramos presente que hay algo más allá de sus cuatro paredes. Por consiguiente, la certeza de sí como conciencia de la propia existencia, aunque limitada al acto del pensar, va con la certeza de una realidad exterior a la conciencia. Hay exterioridad porque existo como una contingente certeza de mí mismo. La *res cogitans* solo puede comprenderse a sí misma como aquella sustancia que se encuentra confinada dentro de los límites, en definitiva temporales, de su actividad mental y, por consiguiente, en relación con lo que se halla fuera de dichos límites. Esto es, si hay finitud, hay infinitud. Dios sería, en tanto que infinito, algo así como la pura exterioridad, y puesto que la limitación del *cogito* es temporal, la infinitud de Dios debería comprenderse estrictamente como *res æterna*, lo cual acaso nos obligaría a poner entre paréntesis la línea argumental de las *Meditaciones*. Sin embargo, lo que ahora conviene retener es que la certeza de sí no sería posible si no hubiera un afuera con respecto al cual dicha certeza pudiera determinarse como conciencia de la propia finitud. De este modo, Descartes demuestra la radical exterioridad de Dios y, por consiguiente, de un más allá de la conciencia. Pero lo hace —y esto es importante destacarlo aquí— desde la crítica de los contenidos de la conciencia. La desmesura de Dios se da en relación con el desbordamiento de la idea de Dios fuera de las fronteras de la mente. Es desde el interior de sí mismo que el sujeto reconoce la necesaria existencia de Dios como la condición de su propia existencia en tanto que *res cogitans*. En el orden del saber, lo primero no es Dios —el hallarse expuesto a la radical alteridad de Dios—, sino mi representación de Dios. Y esto último resulta decisivo a la hora de entender la situación en la que se encuentra el sujeto moderno con respecto a Dios.

Sin embargo, podríamos preguntarnos si acaso las *Meditaciones metafísicas* no serán, al fin y al cabo, un espléndido ejercicio de retórica. Pues, la certeza de sí, la cual se presenta como *conclusión* del desarrollo metódico de la duda, es algo que *ya se da implícitamente por descontado en el momento en que admitimos la posibilidad de que no haya certeza alguna sobre una realidad exterior a la conciencia*. O, por decirlo con otras palabras, el hecho de partir, no ya de un encontrarse en medio del mundo o, si se prefiere, ante el exceso de lo real, sino de las propias representaciones mentales acerca del mundo, las cuales se hallan bajo sospecha, hace que *no podamos llegar a otra conclusión* que la alcanzada por Descartes, a saber, que la certeza de sí es el principio y fundamento de un saber acerca de un mundo exterior. En este sentido, las *Meditaciones* serían un formidable argumento circular o, si se prefiere, un hábil ejercicio de retórica, en donde se concluye lo que implícitamente se presupone. No es casual que Spinoza, habiendo sido uno de los primeros en comprender el alcance de la obra de Descartes y queriendo evitar las trampas de la retórica, comenzase su *Ética* no por la sospecha, sino por Dios, aunque, como es sabido, el Dios de Spinoza no es ciertamente el Dios que, hallándose fuera del todo, impide el cierre inmanente de la totalidad. De hecho, según Spinoza, Dios no hace otra cosa que pensarse donde la conciencia individual piensa a Dios. En Spinoza no cabe la escisión entre Dios y el *cogito*. En cualquier caso, como decíamos, *la pérdida del sentido de la alteridad que caracteriza a la subjetividad moderna no es tanto el resultado de la reflexión como su condición de posibilidad*.

En resumen, cuando partimos de la sospecha, implícitamente damos por descontada la certeza de sí como el suelo sobre el que se asienta cualquier posible verdad. Por tanto, no tiene nada de sorprendente que, en el contexto de las *Meditaciones*, la exterioridad tenga que ser demostrada, y que solo pueda serlo a través de la crítica de los contenidos de la conciencia. O lo que es lo mismo, el carácter absoluto de la exterioridad radical —el hecho de que lo enteramente otro es, por definición, algo irreductible a la representación— se determinará relativamente, esto es, en relación con los límites del pensar, perdiendo de este modo su carácter absoluto. Pues *absoluto*, literalmente, significa lo separado o incondicional, lo que permanece como algo radicalmente otro —y nada otro es en verdad donde no se revela como lo primero, no solo en el orden de cuanto es, sino también en el del conocimiento. De ahí que Levinas sostuviera que no hay saber acerca del otro que no parta de un haber sido invocados por el otro. Lo primero —y este no es un asunto psicológico— no es el decir, sino el ser dichos o, estrictamente, acusados. Las *Meditaciones metafísicas* suponen, al fin y al cabo, la legitimación de un sujeto sin alteridad. En cualquier caso, legitiman una alteridad que en modo alguno constituye el lugar desde el que se decide nuestra situación como sujetos.

Es verdad que Descartes, en las *Meditaciones metafísicas*, como acabamos de ver, demostró la existencia de Dios como el correlato lógicamente inevitable de la finitud del sujeto. Pero lo que aquí resulta significativo —y quizá convenga subrayarlo— es que la alteridad radical de Dios es certificada únicamente a través de la crítica de los contenidos de la conciencia. Dios existe necesariamente *para* quien ha alcanzado la certeza de sí como certeza primera o fundamental. El que modernamente Dios tenga que ser demostrado hace inviable que el sujeto pueda comprenderse a sí mismo como aquel que, *de entrada*, se halla expuesto a la extrema trascendencia de Dios y, en definitiva, como arrancado. Podríamos decir que hoy en día el sujeto lleva las riendas de su relación con Dios. Así, la dependencia con respecto a Dios ya no es el *prius* de nuestro estar en el mundo. Acaso podamos aún decir que dependemos de Dios, pero no *caemos en la cuenta* de lo que supone dicha dependencia porque hayamos conseguido asegurarla intelectualmente. En la demostración no hay estremecimiento que valga. En modo alguno es casual que actualmente el único discurso sobre Dios que puede aún ser admitido por las entendederas modernas conserve las trazas del antiguo gnosticismo, según el cual la relación con la divinidad estaba determinada enteramente por un saber. Pero un Dios que de entrada exige un saber es un Dios que posee una cierta entidad, aun cuando no terminemos de conocer su naturaleza. Y un dios-ente, incluso donde concebimos su entidad a la magmática, no es el Dios que se pone en manos del hombre, precisamente, porque no es aún nadie sin la respuesta incondicional del hombre.

4 DESCARTES Y EL CHAMÁN

La certeza de sí como principio y fundamento de un saber acerca del mundo no es estrictamente un hallazgo, tal y como acabamos de decir, sino más bien la explicitación de una tesis implícita. Pues donde admitimos la posibilidad de que nuestra experiencia no sea más que una inmensa alucinación, inevitablemente presuponemos que no puede haber otro mundo que el certificado como representación como principio y fundamento del conocimiento de lo real. El sujeto moderno sería, por consiguiente, el resultado del juego de un prestigitador. Y esto implica, entre otras cosas, que no es de por sí evidente que la cosmovisión religiosa sea simplemente el disparate epistemológico de la Antigüedad. Un antiguo chamán, pongamos por caso, hubiera podido admitir que sus visiones son efecto del peyote que ingirió. Pero no hubiera estado de acuerdo con que *no son más que* su efecto, que es lo que fácilmente diríamos hoy en día. Así, porque su punto de partida no era la sospecha escéptica, sino un hallarse en medio del exceso de lo divino, para el chamán resultaría obvio que no hay otra manera de acceder al más allá que tomando peyote. En tanto que modernamente presuponemos que lo primero, en el orden del saber, no es la efectividad de un mundo exterior, sino nuestra representación de un mundo exterior, podemos creer que es evidente que el chamán ve lo que ve *solo porque* se tomó lo que se tomó. Sin embargo, el chamán podría estar en lo cierto y nosotros en el error.

En cualquier caso, la convicción del chamán en modo alguno puede ser la nuestra. Para nosotros no puede haber *otro* mundo, sino, a lo sumo, la dimensión aún desconocida del mundo. Inevitablemente, entendemos el más allá como el territorio inexplorado de un mundo homogéneo. Ahora bien, pudiera ser que la *superioridad* moderna se sostuviera, en último término, sobre una castración. Que podamos admitir un más allá no depende solo de que efectivamente lo haya, sino también, y quizá sobre todo, del tipo de sujeto que seamos. Para el individuo moderno, ningún más allá puede darse como la norma moral de lo visible. Como decíamos antes, dentro de la Modernidad, el carácter absoluto del otro tan solo puede comprenderse, siempre y cuando reflexionemos sobre ello, como la ausencia por la que el mundo es lo que es, en modo alguno como la voz que, debido a esa misma ausencia, decide el sí o el no de nuestro estar en el mundo.

5 LAS IMPLICACIONES DEL *COGITO*

Con respecto a la cuestión del saber, el punto de partida del sujeto moderno no es el que exista frente al abismo de un puro *il-y-a* o, en clave bíblica, expuesto a una interpelación fundamental, sino la certeza de sí, la convicción de que la conciencia es el único ámbito en el que se decide la verdad. Para el sujeto moderno, no puede haber otra verdad que la de un estar en lo cierto (y aquí la certeza se define como la imposibilidad absoluta de dudar). Donde sigue habiendo duda, por poco razonable que sea desde el punto de vista del sentido común, no hay propiamente verdad. Así, la posibilidad de que haya una verdad que esté fuera de nuestro alcance —una verdad que apunte no al ente, sino a la falta de entidad del otro como tal—, es modernamente desestimada como el delirio de una subjetividad necesitada de algo más.

Esto nos parece hoy en día tan obvio que difícilmente caemos en la cuenta de que esta concepción de la verdad supone un desplazamiento de su sentido más originario. Por lo común, creemos que la verdad únicamente tiene que ver con lo que decimos acerca del mundo. Así, la verdad sería antes que nada una propiedad de nuestras afirmaciones o representaciones mentales, la que apunta a la correspondencia o adecuación entre la idea que tenemos en mente y los hechos, correspondencia que en principio garantizamos —o creemos garantizar— a través de nuestros sentidos. Cuando alguien nos dice *hay un tanque en el campo de fútbol*, inevitablemente nos hacemos una idea de la situación. Que esto sea o no verdadero dependerá de que efectivamente haya un tanque en el campo de fútbol. Hasta aquí, todo muy elemental. Sin embargo, la noción de verdad también admite otro sentido, de hecho más fundamental, a saber, aquel que presuponemos cuando decimos, pongamos por caso, que el amor de una madre es un amor de verdad. Aquí la verdad sería algo así como lo sólido, lo que en verdad tiene lugar o permanece en cuanto sucede o pasa. Ciertamente, el uso dialéctico de la noción de verdad —el que Platón lleva a cabo, sobre todo en sus últimos diálogos— es un tanto más sofisticado. Pues, en tanto que nada acaba de ser lo que parece, la verdad es lo que debe ser (y por eso mismo podemos decir que nada acaba de ser lo que parece). El uso implacable de la razón, tarde o temprano, termina reconociendo que lo que en verdad acontece es que (la) nada acontece o, por decirlo de otro modo, que lo real *tout court* —lo que debe ser— se oculta en su mostrarse. El absolutamente otro deja de hacerse presente en su hacerse presente como algo determinado y, por consiguiente, como algo reducible a representación. Aquí la verdad sería sencillamente lo que es, más allá de su concreción sensible o aspecto. Ahora bien, eso que es —el carácter otro de cuanto podemos ver— propiamente no es, no aparece, no se ve y, en consecuencia, no es nada en particular. Si lo real, por definición, es eso otro que se muestra a una sensibilidad, lo real es o aparece en tanto que como eso (o aquel) en verdad otro no aparece, y por eso mismo no termina de ser. Como dijimos, el carácter otro de lo real es, ni más ni menos, lo que perdimos de vista en su mostrarse a una sensibilidad. Pues lo que es en verdad no llega a la presencia sin ajustarse a un punto de vista y, por tanto, sin relativizarse. Así, desde esta óptica, la verdad se opondría a lo que nos parece que es. En cualquier caso, entre ambos sentidos de la verdad, el moderno y el originario, lo que está en juego no es solo una mayor o menor perspicacia, sino sobre todo una manera de estar en el mundo, una posición existencial. No es lo mismo dar por sentado que no hay otra verdad que la asimilable o comprobable empíricamente que admitir que los hombres existimos de espaldas a la verdad, como si no pudiéramos trascender, salvo con el pensamiento, el horizonte de las apariencias. Pero el pensamiento solo puede llegar a confirmar que lo real es no siendo —que su carácter absolutamente otro retrocede (no termina de ser) en su mostrarse a una sensibilidad. Porque todo pasa, nada es. Todo se encuentra sometido al tiempo. Y hay tiempo porque el otro en verdad retrocedió *in illo tempore*. La pérdida del absolutamente otro es la condición del mundo. El nihilismo es, sencillamente, el destino de la filosofía. Sin embargo, no lo es para el creyente. Al menos, porque el creyente acepta la nada de Dios —el que nuestra existencia se deba a su *des-aparición*— como el envés de la promesa de Dios, en el doble sentido del genitivo.

No obstante, el que la verdad hoy en día se entienda únicamente como el ajuste entre los hechos y su representación mental dificulta que podamos incorporar nuestra relación con la verdad en su sentido más primordial. O, por decirlo con otras palabras, el sujeto moderno es ciego al carácter esencialmente invisible de la alteridad. Sin duda, cabe la posibilidad de que, apartándose de la horma metodológica, se adentre en las paradójicas aguas de la dialéctica, cosa que Descartes ciertamente no hizo. Pero, como decíamos antes, no parece que podamos interiorizar la naturaleza trascendente de la alteridad sin pagar el precio de un enorme sufrimiento. Al menos porque bíblicamente tan solo los que sufren la desaparición de Dios son capaces de Dios. No es inocente que en las *Meditaciones* las únicas posibles fuentes de verdad que Descartes considera, a la hora de ejercer metódicamente la duda, sean la sensibilidad y la razón. De este modo, y como quien no quiere la cosa, Descartes relega la imaginación al ámbito de la fantasía, lo cual implica una seria limitación, como veremos seguidamente, de las posibilidades del hombre con respecto a la verdad.

Antiguamente, la verdad como acontecimiento de lo real encontraba su expresión sensible en el imaginario religioso.

El *homo religiosus* podía integrar en el tiempo cotidiano el carácter radicalmente otro de lo divino a través de las figuras de la trascendencia, las cuales en tanto que creíbles, preservaban, al tiempo que también falsificaban, la extrañeza propia de la alteridad. De ahí que, una vez el imaginario religioso pierde su antigua legitimidad epistemológica, difícilmente quepa incorporar en el día a día nuestro hallarnos originariamente expuestos al absolutamente otro. Ciertamente, la crítica del imaginario religioso no nace con la Modernidad, aunque encuentre en la Modernidad su expresión más universal. Como es sabido, los primeros en poner en entredicho la pretensión de verdad del imaginario religioso fueron los profetas de Israel. En este sentido, la crítica profética a la idolatría debe comprenderse como la impugnación del imaginario religioso en tanto testimonio de la verdad de Dios. Pero aun cuando los profetas defendieran la necesidad de una fe sin imágenes, lo cierto es que no renunciaron a la incorporación de Dios. Pues un Dios que no sea posible integrar en el tiempo diario es un Dios que tan solo puede ser pensado, en modo alguno padecido, en el sentido literal de la expresión no necesariamente dramático. Y un Dios que no se *padece*, no puede valer como Dios.

Para los profetas de Israel, la interiorización de Dios solo puede llevarse a cabo, si pretende ser fiel a la verdad de Dios, a través del memorial y la invocación, la cual es sincera, precisamente, donde Dios aparece como el que no aparece como dios. Y es que la invocación acaso sea lo único que le queda al hombre donde las figuras de la trascendencia se revelan, por lo común en los tiempos de la desgracia, como falsas representaciones de Dios. Ahora bien, dado que esta revelación se da únicamente en momentos excepcionales, el creyente, en medio de la cotidianidad, debe recurrir al memorial para evitar la tendencia a dejarse arrastrar por los ídolos. «Recuerda de dónde vienes», a quién le debes la existencia. Esto es, recuerda quién es Dios en verdad. Y esto es lo difícil. De ahí que terminemos recurriendo a las imágenes. Las imágenes, ciertamente, son algo así como el receptáculo de la verdad que debe preservarse del olvido. Sin embargo, resulta inevitable que terminemos adorando las imágenes, ignorando a qué responden. Como decíamos, no hay imagen de Dios, salvo cristianamente la de un crucificado en su nombre, que no traicione la verdad de Dios al mismo tiempo que pretende reflejarla. No es casual que los profetas, con el propósito de evitar la caída en la idolatría, insistieran en que la única imagen de Dios es la del hombre despojado de cualquier motivo de orgullo, la de aquel que, desde su desesperación, no es mucho más que su clamar por un Dios que roza la inexistencia.

En cualquier caso, lo que no cabe hoy en día es dirigirse de manera espontánea a un Dios concebido como una especie de *superman* espectral. El sujeto moderno no puede tomarse honestamente en serio la creencia en una divinidad antropomórfica, pues por poco que piense, tarde o temprano, como dijimos antes, llegará a la conclusión de que, aun en el caso de que existiera una inteligencia creadora, esta no sería más, aunque tampoco menos, que una inteligencia creadora, un poder que, como el de los antiguos dioses, exigiría un trato adecuado pero en modo alguno una fe en el sentido bíblico de la palabra. No es casual que el Dios cuya existencia demuestra Descartes en sus *Meditaciones* sea un Dios sin rostro. De ahí que el sujeto de los tiempos modernos tan solo pueda admitir la divinidad abstracta del deísmo, la cual no es mucho más que una hipótesis de trabajo o, en su defecto, tan solo la divinidad difusa, por oceánica, de una espiritualidad sin credo, espiritualidad que presupone, en última instancia, una reducción de la alteridad de Dios a la noción de *arkhé*, la cual únicamente exige un saber. Pues donde creemos que Dios es la fuente inescrutable de cuanto es, seguimos entendiéndolo en relación con las posibilidades del conocimiento, incluso donde afirmamos que se trata de su límite. Al sujeto moderno le está sencillamente vedada la fe en un Dios al que pueda dirigirse como a un tú. No es casual que termine decantándose, en la medida que conserve una mínima sensibilidad religiosa hacia lo inmaterial, por el panteísmo, cuando menos implícito, de las espiritualidades sin credo. Y es que donde Dios es el Uno-todo no hay alteridad que valga. O Dios es el todo o es la alteridad que el mundo tiene pendiente. Esto es, o el mundo es mundo por el paso atrás de Dios o la materia es eterna. Aunque se vista con los oropeles de lo etéreo. Para quien se encuentra expuesto a la extrema trascendencia de Dios, el todo no lo es todo. No puede serlo.

Así, la posibilidad de la fe hoy en día pasa por un desplazamiento del sujeto desde las gradas del espectador hasta el fango de la existencia. Aunque probablemente el fango siempre haya sido la *conditio sine qua non* de la revelación. Pues este desplazamiento solo es posible, *tanto hoy en día como antiguamente*, por la irrupción de Dios en verdad, un Dios que, en los términos de Bonhoeffer, nos obliga a vivir ante Dios, *etsi deus non daretur*, esto es, como si Dios no existiera. Dios es interrupción, como suele decir J. B. Metz. Y Dios, por lo común, interrumpe catastróficamente la continuidad de los días. Como si los cielos se derrumbasen. La irrupción de Dios deja el mundo sin sentido, aunque no sin valor. De hecho, como veremos, si hay valor es porque el sentido, de haberlo, no nos pertenece. Dios irrumpe como el Altísimo, como la alteridad que se encuentra en falta. A diferencia de la mera creencia religiosa, la fe nace a partir de un clamor que contrasta con el sí de fondo al que el creyente, con todo, permanece fiel. Necesariamente, la fe arraiga en la invocación que, en definitiva, somos, invocación que, sin embargo, halla su respuesta no en la acción *ex machina* de Dios, sino en la invocación del hombre por parte de Dios. Pues lo que queda de Dios donde no queda nada de Dios es la voz que nos interroga sobre el lugar del otro. Aunque, cristianamente, se trate de la voz de quien cuelga de una cruz ofreciéndonos el perdón de Dios. No es casual que, tras la caída, Dios le preguntase a Caín por Abel —su hermano, su víctima. De ahí que lo determinante de la existencia creyente no sea la simple suposición de que hay Dios, sino un encontrarse secuestrado por la voz de Dios y, por eso mismo, sujeto a su interpelación o voluntad, aquella que escuchamos como el eco de su ausencia. Y la voluntad de Dios es que el hombre viva. Un creyente no deja de ser un rehén de aquellos que sufren en sus carnes la falta de Dios. Pues quizá tan solo como huérfanos de Dios podamos reconocernos como hermanos. Bíblicamente, la voz de Dios siempre se desprendió de su encontrarse en falta. Cree quien escucha el clamor de los *sin Dios* como el clamar de Dios por el hombre (y obra en consecuencia). Por eso mismo, el sujeto de la sospecha, en tanto que se comprende a sí mismo como el centro de la experiencia del mundo, no puede encontrarse bajo la voluntad de Dios, ni siquiera donde religiosamente suponga que depende de Dios. El hombre moderno confía demasiado en su posibilidad como para que Dios pueda revelársele como el Señor. En realidad esto es así desde que fuimos expulsados del Edén. Pero la Modernidad, como decíamos, quizá acentúa, al legitimarlo epistemológicamente, nuestro connatural vivir de espaldas a Dios. De ahí que la oportunidad de la fe —el que seamos sacados del quicio del hogar— tampoco esté enteramente en nuestras manos.

6 PSICOANÁLISIS Y RELIGIÓN

Freud acaso sea el primer autor que haya pensado modernamente la relación del individuo con la desmesura de la alteridad. La exterioridad es, por defecto, numinosa, tan fascinante como terrible, por decirlo a la manera de Rudolf Otto. De ahí que tradicionalmente el monstruo haya sido el arquetipo de una alteridad *avant la lettre*. Ahora bien, como pensador moderno, tampoco es causal que Freud comprendiera la naturaleza de lo monstruoso dentro del campo de la subjetividad. Como si la exterioridad de lo verdaderamente otro, al fin y al cabo, no fuera tan exterior. En este sentido, no debería sorprendernos que los sueños hayan dejado de leerse como las confidencias de la divinidad, tal y como fueron leídos en los tiempos antiguos. A partir de Freud, los sueños tan solo expresan los conflictos no resueltos de la infancia. Las figuras inviables de lo onírico representan algo así como un excremento psíquico del que la conciencia, sin embargo, en modo alguno puede apropiarse. Las imágenes en las que se refleja el acontecimiento traumático, aquellas que quedan contenidas en el inconsciente, no son las de un mundo sobrenatural, sino las que apuntan a las contradicciones sobre las que se erige el sujeto. El inconsciente se revela, por tanto, como eso extraño al sujeto que, permaneciendo en su interior, lo constituye. Es como si Freud hubiera reemplazado la radical trascendencia del Dios bíblico por la del inconsciente. Ciertamente, el sujeto puede hacerse una idea de las procelosas aguas de su inconsciente. Ahora bien, el que pueda hacerse una idea no implica que sea capaz de reconocerse en sus figuras, aquellas que, a pesar de su inviabilidad, determinan su carácter. No puede hacerlo sin que su equilibrio mental salte por los aires. En este sentido, el sujeto es lo que es en tanto que deja atrás, o más bien, sepulta el exceso que lo configura. Desde la óptica del psicoanálisis, nadie puede incorporar la verdad que lo soporta. El yo sobrevive dándole la espalda a aquello que lo moldea psíquicamente. Como si no fuera con él. O por decirlo con otras palabras, el yo *es* en la continua negación de sí. Nadie puede aceptar como propia la basura psíquica que sostiene su particular modo de ser. El carácter es el fruto de una reacción (y la libertad, por eso mismo, una quimera). Así, pongamos por caso, un hombre puede admitir teóricamente, tras interminables sesiones con su psicoanalista, que en el fondo no desea otra cosa que acostarse con su madre. Pero la simple posibilidad de hacerlo le resulta, antes que inmoral, repugnante. Somos, sencillamente, quienes no pueden aceptar como propio el oscuro poder del que dependen. Como si esa oscuridad fuera, en definitiva, el agujero negro de una divinidad invisible.

No es anecdótico, por consiguiente, que Freud fuera judío. Cuanto Freud dijo con respecto al inconsciente cabe decirlo también, aunque hasta cierto punto, del Dios bíblico. Yahvé es, sin duda, un Dios intratable... que difícilmente podemos encarar sin destruirnos. Un Dios del que preferiríamos no saber nada. El mandato de Yahvé es insoportable. Nadie puede querer para sí mismo convertirse en rehén de los embrutecidos por un mundo sin piedad. De ahí que seamos naturalmente incapaces de aceptar la voluntad de Dios. El hombre existe como el que repudia a Dios —o en término de Levinas, como ateo—, aun cuando crea amarlo al haber traducido el carácter áspero de Dios a imágenes más o menos amables. Desde esta óptica, la idolatría no dejaría de ser el muro defensivo que preserva la integridad psíquica del sujeto, el equivalente bíblico de las fantasías con las que el paciente enmascara su trauma. El paralelismo entre el psicoanálisis y la fe de Israel resulta, por tanto, innegable. Al igual que el psicoanálisis defiende que el yo no puede reconocer como propias las pulsiones inconscientes a cuyo imperativo obedece, Israel defenderá que existimos de espaldas a la verdad de Dios.

Sin embargo, el paralelismo encuentra su límite en cómo Freud y el creyente comprenden, respectivamente, la extrañeza que constituye el *alma* humana. Para el creyente, Dios no es un campo de fuerzas indomables, sino un quién que exige la respuesta del hombre para llegar a ser el que es. Pues, como decíamos, se trata de aquel otro que, tras la caída, busca reconciliarse con su imagen. El poder de Dios no es el de la pulsión, sino el de una voluntad o mandato insoslayable. El hombre, según Israel, se encuentra a sí mismo una vez se comprende como criatura de Dios. Sencillamente, en tanto que arrancado de Dios, el hombre se halla sujeto a Dios, al enteramente otro. Aunque no lo sepa. O por decirlo teológicamente, el hombre logra realizar su humanidad una vez sabe quién es su padre —a quién obedece su entera existencia. Pero porque el hombre es incapaz de salir de sí mismo por sí mismo, la posibilidad de que llegue a saberlo depende en última instancia de la iniciativa de Dios, la cual no es, como supone el *homo religiosus*, la de un *deus ex machina*, sino la que se expresa como el lamento de Dios por el hombre, esto es, como la voluntad que, desde más allá de los tiempos, impide que el hombre quede condenado a su autosatisfacción. Dios no es aquel que permanece de brazos cruzados a la espera del ascenso espiritual del hombre, sino el que llama al hombre con la voz de los excluidos. La cuestión, por consiguiente, es si Dios podrá reconocerse de nuevo en el hombre, y no si el hombre, desde su lado, podrá aceptar la paternidad de Dios (pues es incapaz). Aun cuando en modo alguno el hombre pueda reconocerse en las figuras del inconsciente, y de ahí que estas posean el carácter extraño de la alteridad, lo cierto es que el inconsciente no busca reconocerse en el hombre, aunque su *actividad* condicione en gran medida su destino. El inconsciente no es un alguien que, tras sufrir una crisis de identidad, vaya a por el hombre con la intención de reconocerse de nuevo en su quién, sino un algo o, si se prefiere, una fuerza sumamente poderosa. Y una fuerza, en este sentido, no es ni más ni menos que algo con lo que lidiar. Ante una fuerza seguimos estando solos.

A pesar de que la confesión bíblica de Dios no es propiamente aquella superstición que fue objeto de la crítica ilustrada, lo cierto es que el sujeto moderno, salvo que caiga en el error de creerse las fantasías con las que recubre el poder anónimo del inconsciente, no es capaz, al menos espontáneamente, de comprenderse a sí mismo en relación con el exceso de una alteridad que lo interroga hasta conmover los cimientos sobre los que ha construido su hogar. Para el sujeto moderno no hay nadie más allá de aquellos con los que cabe tratar y cuya alteridad se da por descontada (y que por eso mismo obvia). Todo esto de que Dios es intratable como el enteramente otro que tuvo pendiente su quién hasta el acontecimiento del Gólgota le suena a juego de palabras.

A lo sumo, se situará en la posición del agnóstico: no lo sabemos todo. El sujeto moderno no puede evitar presuponer que la creencia en Dios arraiga en la estructura de la subjetividad. Así, la provocación de Dios sería tan solo un modo de objetivar, en el plano de lo espectral, la demanda que el hombre se dirige a sí mismo. Como si el hombre no pudiera cargar sobre sus espaldas el peso de su autonomía. Sin duda, el sujeto moderno puede perfectamente admitir que su existencia gira en torno a una falta fundamental. Pero no puede aceptar como quien no quiere la cosa que esa falta sea, precisamente, la de un Dios que no es nadie sin su fidelidad u obediencia. En modo alguno aceptará que de esa falta se desprende una demanda infinita. Es verdad que el sujeto moderno, al igual que el viejo creyente, experimenta en lo más íntimo la ausencia del padre. Ahora bien, y a diferencia del creyente, para el sujeto moderno, un padre es tan solo alguien admirable a quien imitar. En su relación con el padre únicamente está en juego la construcción de una identidad. Y acaso en esto consista su error. Al menos desde una óptica bíblica. Pues Dios no es el ideal del hombre. Un ideal no deja de ser un falso dios, un ídolo. Como padre, Dios no permanece a la espera del regreso del hijo que perdió en el origen de los tiempos, sino aquel padre que se deja caer en busca de su criatura. El hombre, tras su expulsión del Edén, tan solo podrá ir en la dirección equivocada en su búsqueda de Dios. Pues, como aquel que confía en su posibilidad, incluyendo la religiosa, difícilmente aceptará la debilidad de un Dios que no termina de ser sin la entrega incondicional del hombre. Bíblicamente, la orfandad del hombre es la otra cara de la soledad de un padre que, por decirlo así, anda como un alma en pena tras la fuga del hijo. Dios, con anterioridad a la cruz, fue un fantasma, aunque no en el sentido habitual de la expresión. El sujeto moderno parte, sin duda, de la muerte de Dios —como también partió en su momento Israel—, pero no está dispuesto a cargar con el peso del cadáver de Dios o, mejor dicho, con la responsabilidad de saber que de su respuesta a la *caída* de Dios depende que Dios vuelva a ser el padre que originariamente fue. El sujeto moderno no está dispuesto a reconocer otro señor que a sí mismo. En consecuencia, hay psicoanálisis porque ya no nos encontramos naturalmente sujetos al exceso de una voz, sino en cualquier caso a la desmesura de fuerzas abisales, por inconscientes, que no terminamos de dominar. Frente a la voz que clama en la oscuridad somos, bíblicamente hablando, los llamados a responder, de tal modo que en nuestra respuesta se decide que la voz deje de ser o no una voz meramente espectral. El poder, en cambio, tan solo nos obliga a reaccionar.

7 TRASCENDENCIA *NEW AGE* Y TRASCENDENCIA BÍBLICA

Algunos sostienen que Occidente vive actualmente una especie de *revival* religioso. El ateísmo puro y duro —el de, por ejemplo, Richard Dawkins y Sam Harris— encuentra su réplica en los gurus de la espiritualidad transconfesional, como Eugen Drewermann o Willigis Jäger. Al lema de los autobuses londinenses —«Probablemente Dios no existe. Deja de preocuparte y disfruta de tu vida»— se le opone la idea de que la divinidad es la matriz a la que acabaremos regresando. Como si nuestro destino fuera el de terminar disolviéndonos en el océano del que procedemos. Sin embargo, esto no significa que el cristianismo haya recuperado su legitimidad perdida. Al contrario. Dejando a un lado la proliferación de las sectas cristianas, la posibilidad de trascender el horizonte de una existencia entregada a la apropiación indebida ya no se concreta a través del simbolismo cristiano. En lugar del viejo Dios del teísmo, tenemos un poder anónimo, algo así como el fondo nutricio del cosmos o el espíritu que conecta cuanto es. Y sin duda esto resulta hoy en día más razonable que el tener que comulgar con las ruedas de molino de la creencia en un fantasma bueno. Con la espiritualidad transconfesional, ciencia y religión dejan de ser incompatibles. Al menos, porque en ambos casos se trata del saber, aunque quizá no del mismo saber.

Sin embargo, la suposición de que vivimos por el poder de un espíritu que subyace a cuanto es no deja de ser paganismo por otros medios. Esto es, una creencia elemental para quien posee una mínima sensibilidad religiosa. Pues es obvio —o debería serlo— que hay más leña que la que arde. Los ácaros del polvo ni siquiera pueden sospechar de nuestra existencia. Por tanto, se equivocarían si creyeran que en el mundo no hay más que polvo. Estamos más cerca de la verdad cuando permanecemos abiertos a lo desconocido o, si se prefiere, al misterio, que donde damos por sentado que no hay más que cuanto quepa reducir al marco de lo cuantificable. Pero los ácaros del polvo también se equivocarían también si habiendo vislumbrado nuestra existencia, creyeran que nos importan. En este sentido, resulta más ajustada a la realidad la convicción de Epicuro: «hay dioses, pero no quieren saber nada de nosotros». A lo sumo, juegan con nosotros como pueda hacerlo un niño con sus gusanitos de seda. Estos regarían fuera de tiesto si creyeran que el niño los ama, aun cuando, ciertamente, el niño pueda creer que cree que los ama. Por consiguiente, según Epicuro, el hombre se equivoca cuando intenta obtener la bendición de la divinidad. Sencillamente, ignora por dónde pasa su verdadera felicidad. El hombre desprecia su presente en el momento que orienta su vida hacia una divinidad que no se interesa por él. Sin embargo, esto de por sí no implica caer en un craso materialismo. De hecho, el *carpe diem* de Horacio apunta al disfrute del milagro que supone vivir un día más. A nadie se le niega la capacidad de asombro porque rechace la paternidad de Dios.

Es verdad que la espiritualidad transconfesional es una espiritualidad sin Dios o, mejor dicho, sin una divinidad personal y, por eso mismo, podríamos decir que no la afecta la objeción de Epicuro. Sin embargo, no hay diferencia formal entre una espiritualidad que presupone que de lo que se trata es de conectarse al fondo nutricio del cosmos y, por ejemplo, una dieta *detox*. La diferencia estriba en que, en este último caso, el objetivo es la salud del cuerpo, mientras que el del primero es la salud o plenitud del alma. Sin embargo, en ambos casos es cuestión de hacer lo debido. Y uno sabe qué tiene que hacer una vez se le ha revelado el secreto de la existencia. De entrada, vivimos en el error. Del mismo modo que no es saludable pasarse el día comiendo patatas fritas tampoco lo es vivir intentando acumular cuantas más cosas mejor, esclavizados a la pulsión del consumo. Sea como sea, el horizonte de la espiritualidad transconfesional es el de la purificación. Como creía el antiguo paganismo, tan solo la pureza nos capacita para la verdad. Aunque el sacrificio que se nos exige hoy en día no sea cruento.

Por tanto, no debería extrañarnos que, en este contexto, el cristianismo no tenga mucho que decir, salvo en lo moral.

Y ni siquiera. Pues los trazos fundamentales de la ética cristiana hace tiempo que fueron secularizados por Occidente. Como si la convicción de que los hombres somos, por naturaleza, iguales fuese un dato de la experiencia. Sin embargo, una igualdad por defecto está muy lejos de ser natural. Precisamente, porque cabe algo así como una vida elevada, no todos los hombres se encuentran en el mismo plano. De hecho, lo más honesto sería admitir, como admitió Platón al final de su *Apología*, que una vida examinada posee más valor que una vida sin examinar. Aunque, si lo pensamos bien, no hace falta citar a Platón. Para una mentalidad utilitarista, la vida de aquellos de los que dependen más vidas, por ejemplo, la de un médico o la de un investigador en biología molecular, es, sin duda, más valiosa que la de quienes apenas cuentan. En cualquier caso, y cristianamente hablando, la igualdad entre los hombres solo se revela ante Dios, mejor dicho, ante el Dios que llama al hombre a la responsabilidad hacia los despreciados por el mundo. Y lo que esta igualdad significa es que, frente a su clamor, todos nos encontramos en la misma línea de salida. Nadie puede garantizar desde sí mismo quién dará el primer paso. Los evangelios insisten en este punto. Fue el samaritano y no el sacerdote quien se detuvo para cuidar de aquel que yacía moribundo en la cuneta. Y un samaritano, para los judíos de la época, era alguien *justamente* despreciable. Como lo fueron aquellas mujeres que, tras la Segunda Guerra Mundial, se habían acostado con el enemigo. De hecho, cristianamente, son las putas, mujeres *sucias* donde las haya, o los publicanos quienes se encuentran en la situación en la que cabe responder a la demanda de Dios, la que se expresa con el lamento de los abandonados de Dios. En modo alguno, los puros —los fariseos—, aquellos que creían que Dios estaba de su lado por cumplir con sus obligaciones religiosas. A diferencia de lo que presupone el *homo religiosus*, la purificación no nos hace más capaces de Dios. En realidad, nos aleja.

Ahora bien, por eso mismo, la trascendencia del Dios que exige una respuesta del hombre no es la que imagina la sensibilidad religiosa, ni siquiera donde esta se actualiza en los términos de una espiritualidad transconfesional. El más allá de Dios no se ubica en otro mundo o dimensión. Como decía Karl Rahner, Dios en los cielos seguiría siendo un misterio. En realidad, su trascendencia es absoluta. Es por el repliegue de Dios que hay mundo o, mejor dicho, historia. Dios se encuentra fuera de cualquier mundo posible, incluyendo el sobrenatural, como la alteridad por la que el todo no lo es todo, como el yo espectral que clama por el hombre... porque no es aún nadie sin la respuesta incondicional del hombre, la cual solo puede tener lugar, en tanto que precisamente incondicional, sin Dios mediante. De ahí que Israel entienda la trascendencia de Dios en términos temporales y no espaciales. Como dijimos, Dios quedó, tras la caída, desplazado a un pasado inmemorial. Es desde este pasado que Dios se ofrece, sin embargo, como promesa. Bíblicamente, el paso atrás de Dios es un paso hacia el futuro del hombre como el futuro mismo de Dios (y viceversa). La fe es, por tanto, indisociable de la esperanza en el fin de los tiempos. Al menos porque los tiempos terminan donde acontece la reconciliación entre Dios y su imagen (y por eso llega a ser el que es). En cualquier caso, el hombre se encuentra cabe Dios, donde escucha el clamor del pobre como el mandato desde el que se decide la bendición o la maldición. Para el creyente, el grito del pobre es el grito por el que Dios saca al hombre del quicio de su satisfacción, incluida la espiritual. Un grito que es el envés del clamar de un Dios que no tiene otro quién que el de un crucificado en su nombre. Evidentemente, esto resulta delirante donde no nos encontramos en aquellas situaciones en las que la confianza en nuestra posibilidad, aunque se crea garantizada por la creencia religiosa, se revela como ridícula.

8 EL DIOS DE ABRAHAM Y EL DIOS DE LOS FILÓSOFOS

Es sabido que Pascal distinguió entre el Dios de Abraham y el Dios de los filósofos. No estamos ante dos aproximaciones a un mismo Dios, una emotiva y otra racional, sino ante dioses distintos. La cuestión es cuál de los dos merece la entrega del hombre —cuál es el verdadero, por decirlo así (y para Pascal, quien tiene las de perder es la divinidad inerte del filósofo). Las razones de la filosofía no son, ciertamente, los motivos del corazón o, cuando menos, los de un corazón necesitado de salvación o consuelo. Es verdad que la filosofía puede consolarnos, pues no deberíamos olvidar que la filosofía, antes que una actividad especulativa, es una forma de vida que tiene como horizonte la serenidad del ánimo. Sin embargo, la consolación de la filosofía es una consolación sin padre. La trascendencia a la que llega dialécticamente el filósofo carece de rostro. Tampoco puede ser de otro modo. Un fundamento —una *arkhé*—, se entienda como se entienda, siempre se encontrará más allá de los dioses con aspecto humano del politeísmo. La razón de ser del ente en modo alguno puede ser un ente. Ahora bien, el corazón que busca amparo nunca logrará satisfacerse en una divinidad —un *logos*— que permanece inmutable más allá de la desgracia.

No es casual que Pascal se refiera al Dios *de* Abraham o al *de* los filósofos. Pues, como dijimos, la cuestión decisiva con respecto a Dios es quién es capaz de la verdad de Dios. Aquí Dios no puede ser el mismo porque los hombres que lo soportan sobre su espalda no son los mismos. El acento no debe colocarse, por consiguiente, tanto en los argumentos que pretenden justificar la validez o vigencia de cada Dios como en el tipo de sujeto que hay detrás. Los argumentos no valen *in abstracto*, sino siempre en relación con los prejuicios epistemológicos de una postura existencial. Y no porque creamos que una justificación racional no es más que una justificación de sí o, como suele decirse, una racionalización, sino porque, como vimos a propósito de Descartes, no es lo mismo, con respecto a la cuestión de la verdad, partir de un encontrarse expuestos a la desmesura de lo real que de la preocupación por garantizar la certeza de nuestras representaciones de cuanto nos rodea, incluyendo la de dicha desmesura. La razón como facultad es la misma, pero no se piensa del mismo modo desde las gradas del espectador —desde la posición estrictamente teórica— que en medio del escenario. Quien piensa se distancia, al menos hasta cierto punto, de lo pensado. En cambio, sobre el escenario se sufre lo que se piensa.

Ahora bien, si el creyente se aleja de la situación en la que se halla el filósofo, no es porque añore el ángel de la guarda de la infancia, sino porque, a la vista del silencio de Dios ante el sufrimiento de tantos inocentes, Dios se hace presente como el que se encuentra a faltar. El creyente está ante Dios, sin Dios o, mejor dicho, sin *el dios tapa-agujeros* de la expectativa religiosa. De Dios tan solo tenemos su testamento, a saber, el don de la vida y el mandato de preservarla de la violencia injusta —o, en clave cristiana, el mandato que se desprende del perdón de un crucificado en nombre de Dios. Tanto el don como el mandato se derivan de un Dios cuya presencia es la de un ausente. Para Israel, Dios es el padre que abandonó el hogar (pero que, con todo, prometió volver). En las gradas, al ocupar el lugar de una divinidad omnisciente, nunca echamos de menos a nadie. La diferencia entre el no creyente y el creyente es que el primero deduce que no hay Dios a partir de su ausencia. Sencillamente, el que niega que haya Dios no cree que tenga padre. Y un padre es el que decide el sí o el no de nuestra entera existencia. Aunque también esté dispuesto a perdonarnos. El creyente, en cambio, sufre el abandono del padre, aunque, por otro lado, aguarde su regreso. El filósofo acaso pueda decir que existimos como huérfanos. La convicción del creyente, sin embargo, es que existimos como arrancados del seno del padre, lo cual no impide que permanezca fiel al sí de fondo que fue pronunciado con anterioridad a los tiempos. Ahora bien, si está convencido de ello, es porque, de entrada, se encuentra a sí mismo abierto a la *aparición*. Y, a menudo, en canal.

Es verdad que desde la patrística hasta la escolástica medieval, el contraste entre fe y filosofía siempre mantuvo puntos de contacto. Según la tradición eclesial, el filósofo, tarde o temprano, termina por admitir una trascendencia, un más allá de lo sensible. Sin embargo, en ausencia de revelación, la filosofía no puede superar el carácter neutro de un *arkhé*. Para la tradición escolástica, tan solo la fe proporciona un contenido al *ens summum et perfectissimum* de la filosofía. La fe es razonable solo en la medida en que la razón claudica ante la revelación. Sin embargo, el precio que tuvo que pagar el cristianismo por hacer las paces con la filosofía es el de su desconexión con el Dios del Antiguo Testamento, el cual está bastante lejos de mostrarse como una divinidad aceptable a ojos del sujeto de la razón. Ahora bien, de no conservar el vínculo con el Antiguo Testamento es difícil que podamos reconocer al Crucificado como el quién de Dios. Pues no es lo mismo un dios que permanece en las alturas como arquetipo de aquello a lo que humanamente podamos aspirar que como el enteramente otro que, hasta el Gólgota, tuvo pendiente su modo de ser.

No obstante, que a lo largo de la cristiandad no se entendiera el contraste entre fe y filosofía en los términos de una oposición radical ya nos da a entender que el filósofo, en tanto que cristiano, no es exactamente el mismo que el que deambuló por Atenas durante la Antigüedad. Y no solo porque este último fuera pagano. Una filosofía cristiana es una filosofía mutilada. Pues, aun cuando pueda conservar la capacidad de asombro, no puede admitir la sospecha como actitud fundamental. Ciertamente, el asombro ante la sobreabundancia de lo real pone fácilmente entre paréntesis cuanto podamos creer o pensar desde la estrechez de nuestra circunstancia. Y aquí el filósofo coincide con el creyente. Pero donde el creyente se abre a una esperanza sin expectativa (Rm 4,18), el filósofo permanece en un continuo desplazamiento de sí, de manera que cualquier esperanza resulta vana o irrelevante. No es casual que los argumentos del *Fedón* acerca de la inmortalidad del alma no terminen de funcionar como tales. Como si Sócrates tan solo hubiera sido capaz de defender retóricamente una esperanza en el más allá.

En el contexto del naciente cristianismo, el primer intento de reconciliar Atenas con Jerusalén fue, que sepamos, el de
Pablo. Como es sabido, en su discurso a los atenienses, Pablo
defendió que el Dios desconocido de la piedad grecorromana
era, en última instancia, el que se nos reveló con la resurrección del Crucificado. Puede que Pablo aquí regara fuera de
tiesto, al menos porque la divinidad sin rostro del panteón
de Atenas no era propiamente un trasunto del Dios invisible de Isaías. El dios desconocido es, simplemente, el dios
que puede que ignoremos. Los antiguos tenían un temor
visceral a descuidar el culto a los dioses. De ahí la impor-
tancia de reverenciar al dios que podría habérsenos pasado
de largo. Ahora bien, Pablo quizá también se equivocara al
suponer que, con respecto a la verdad de Dios, es posible
entenderse con quienes no parten de la fe de Israel, una fe
que roza, de hecho, la increencia al rechazar frontalmente la
validez de la experiencia espontánea o pagana de la divinidad. Si el pagano o el filósofo no se encuentran en el mismo
plano que el sujeto de la fe —si no cabe pasar de uno a otro
sin que medie una *ruptura epistemológica*—, entonces no es
posible el diálogo entre el creyente y el no creyente en torno
al valor de la verdad de sus respectivas cosmovisiones. Pues,
como dijimos, no se trata de demostrar que hay Dios para,
de este modo, convencer al que no cree, sino de preguntarnos si, de topar con el arquitecto celestial o con un poder
sobrehumano, habríamos resuelto de una vez por todas la
pregunta sobre la existencia de Dios. La cuestión es, obviamente, retórica, pues, a diferencia del creyente o del *homo
religiosus*, el filósofo, sencillamente, no puede inclinarse ante
el ente superior, en el caso de que lo hubiese, o si se prefiere,
ante la desmesura de lo real. Puede, sin duda, asombrarse

pero no arrodillarse. De ahí que la experiencia numinosa de la Modernidad, por decirlo así, no sea propiamente la del éxtasis místico, sino la de lo sublime. A pesar de sus semejanzas formales, no hablamos de lo mismo. Quien experimenta lo sublime permanece de pie. La libertad del sujeto de la reflexión —su poder, su dominio de sí— reside, precisamente, en un estar por encima de cuanto pueda doblegarlo. El filósofo en cuanto tal no puede admitir al Creador, de haberlo, como el señor de su entera existencia. Un demiurgo, siendo un progenitor, no tiene por qué ser necesariamente un padre. No es solo que la fe y la filosofía partan de presupuestos distintos, sino que sus presupuestos, antes que teóricos, son existenciales: el yo del creyente no es un yo socrático. Su posición existencial no es la misma. Para el creyente, lo primero, como ya hemos dicho, es su encontrarse expuesto a la radical trascendencia de una alteridad que ni siquiera se muestra como un dios al uso, pero que, no obstante, lo interroga hasta la desesperación con la voz de los excluidos. No es así para el filósofo, aun cuando casi ningún filósofo en la Antigüedad pusiera en entredicho la existencia de dioses. No deberíamos olvidar que Sócrates fue condenado, entre otras razones, por impiedad, no por defender que no hubiera divinidad alguna. El filósofo, simplemente, no sabe de liturgias. Dar culto no encaja en su horizonte vital. Desde su posición, la trascendencia de lo que es en verdad está por encima de los dioses, más allá incluso, como sostuviera Platón, de la esencia. Según el filósofo, nos equivocamos si creemos que los dioses se ocupan de nosotros. Pueden jugar con nosotros, pero no amarnos: a un dios hay que saber tratarlo, pero como hay que saber tratar los residuos nucleares. De ahí que, como ya hemos dicho, la cuestión quizá sea, no tanto si hay o no hay

Dios, sino qué sujeto se encuentra más cerca, sencillamente, de la verdad de la existencia. Esto es, de lo último.

Platón, como es sabido, estaba convencido de que una vida examinada, una vida que se vuelve sobre sí misma, posee más valor que una sin examinar. No vivimos del mismo modo donde, pongamos por caso, nos identificamos con nuestro deseo que donde hemos caído en la cuenta de que, como tal, no deja de ser un implante. En el primer caso, vagamos por el mundo como animales. En el segundo, existimos por encima de lo que nos sucede o, incluso, padecemos. Ahora bien, un creyente no examina, no pone en cuestión su estar cabe Dios. Para el creyente, su yo es indiscutiblemente *otro-yo*, el yo del absolutamente otro. No parece que esta sea, ciertamente, la certeza del filósofo, aun cuando lo único que pueda decir de sí mismo es que su yo no acaba de ser en su particular modo de ser o, mejor dicho, que su modo de ser consiste, precisamente, en un incesante diferir de sí mismo. El filósofo, debido a su inquietud, nunca se encuentra en donde está. Permanece, como quien dice, en un estado de suspensión. Y un estado de suspensión no es necesariamente, y a pesar del aire de familia, un estado de esperanza. O mejor dicho, el filósofo acaso se encuentre a la espera de la verdad, aunque termine reconociendo que su amor por la verdad es un amor no correspondido. Pero en modo alguno aguarda la redención. Así pues, o bien el creyente está en lo cierto, mejor dicho, habita en la verdad, en lo que en verdad tiene lugar o acontece, o bien lo está el filósofo. *Tertium non datur.* Esto es, o se equivoca el creyente o el filósofo.

Por otro lado, podríamos suponer que la diferencia entre el creyente y el filósofo es una diferencia relativa tan solo al carácter. Como si, al fin y al cabo, la dependencia del creyente de Dios —la de quien se comprende a sí mismo como criatura— fuera algo propio de una psicología infantil, tal y como sostuvo la Ilustración europea. Sin embargo, estaríamos ante una diferencia meramente psicológica si la alteridad, que ambos reconocen, tan solo pudiera ser pensada como el eso otro que eternamente se encuentra más allá de su mostrarse a una sensibilidad. En el primer caso, el sujeto, debido probablemente a una necesidad pueril, se sentiría dependiente de una alteridad incorpórea, mientras que no sería así en el segundo. Ahora bien, para el creyente, la alteridad no es solo el destilado del pensamiento acerca de la naturaleza de lo real, sino aquella que, como la alteridad de un Dios en falta, irrumpe en su existencia sacándola fuera de los muros del hogar por medio de una interpelación fundamental y dividiéndola, por tanto, en un antes y un después. Dios es aquel al que debemos una respuesta. De ahí que cuanto podamos decir de Dios tenga su origen en Dios, y no en nuestra necesidad de un espectro tutelar. Dios, como dijimos, invoca al hombre con la voz de aquellos que dan testimonio con su clamor de la radical trascendencia de Dios, y ello con independencia de que se trate del Dios que aún tiene pendiente su quién o el Dios cuyo quién es un crucificado como maldito de Dios. En ambos casos, Dios como el enteramente otro se encuentra más allá del presente histórico, aun cuando el cristiano crea por su parte que Dios se reveló como crucificado en el centro de la historia. Para el ilustrado, un creyente aún no se habría dado cuenta de que *los Reyes Magos son los padres*. Pero, desde la óptica creyente, si los Reyes son los padres es porque los Reyes en realidad dieron un paso atrás, como quien dice, para que nuestros padres ocuparan su lugar. Es en este sentido que el cristianismo confiesa que de Dios no tenemos otro rostro que el de un crucificado en su nombre.

De ahí que la crítica moderna a la religión solo pueda llevarse a cabo donde el sujeto ha dejado de comprenderse a sí mismo como aquel que se encuentra originariamente expuesto al riesgo de la alteridad, riesgo que provoca no solo nuestra excitación o curiosidad, sino también nuestro temor. Ciertamente, el sujeto moderno interpreta este paso al frente como mayoría de edad. Sin embargo, bien pudiera ser que su pretendida madurez se sostuviera sobre una quimera. No es casual que la sospecha moderna comience con la pregunta de si acaso el mundo que percibimos no será, al fin y al cabo, un mundo virtual —un sueño, que diría Descartes. Pero la sospecha tan solo es posible, como dijimos, porque la alteridad ha dejado de ser el dato inicial de la existencia. Y si ha dejado de serlo, no es porque la creencia en Dios se haya revelado como una ficción, sino porque el sujeto moderno, sometido a las condiciones materiales de la existencia, que diría el viejo Marx, no deja de ser una mónada, aunque por lo común ignore qué significa la palabra. De entrada, no hay alteridad que valga —no hay exceso real— para el sujeto moderno, sino en cualquier caso una idea de dicha alteridad, la cual siempre permanece bajo sospecha. Que el imaginario religioso se le presente como superstición no tiene que ver, por tanto, con que de hecho lo sea, sino con la incapacidad del sujeto moderno para comprender aquello a lo que dicho imaginario apunta, aunque sea falsificándolo. En realidad, la exposición originaria a la alteridad es un *prius*, no de una psicología particular, sino de nuestro estar en el mundo. Otro asunto es que lo hayamos olvidado o vivamos de espaldas a ello.

El filósofo está en lo cierto al afirmar que la genuina alteridad no puede darse como figura —como monstruo o fantasma, en definitiva, como dios—, sino como la alteridad que tuvo que perderse de vista en su hacerse presente a una sensibilidad. Cuando menos, porque la percepción de lo real implica una reducción del carácter absoluto o incondicionalmente otro de lo real a una imagen que podamos asimilar. Ahora bien, si puede decirlo o, mejor dicho, si puede pensarlo como eso que tan solo puede ser pensado es porque no sufre en carne viva su haber sido separado del en verdad otro. El creyente, a diferencia del filósofo y quizá también del *homo religiosus*, padece a flor de piel la radical trascendencia de Dios. Pues creer no consiste simplemente en suponer que hay Dios. Un creyente es pasivo con respecto a la realidad de Dios. En lo relativo al acto de fe, lo primero no es *ver* a Dios, aunque sea dando algún que otro rodeo, sino el ser visto y, en definitiva, invocado por Dios. La fe encuentra su condición de posibilidad en Dios, mejor dicho, en la fe de Dios en el hombre. Ahora bien, nadie es alcanzado por Dios donde sigue suponiendo que Dios garantiza desde los cielos su bienestar. Basta con leer el libro de Job para caer en la cuenta de que la divinidad tópicamente religiosa no es en verdad divina. El Dios que se le revela a Job es un Dios que se encuentra fuera de cuanto es, incluso, podríamos decir, más allá del bien y del mal. Y no porque no quiera el bien del hombre, sino porque don y sufrimiento —la bendición y la maldición— se nos ofrecen como las dos caras de una y la misma trascendencia. La voluntad de Dios es que no haya miseria. Pero hay miseria porque hay Dios —porque Dios retrocedió tras la caída como el Dios que está por ver. Si el creyente se encuentra sujeto a la voluntad de Dios, es porque el clamor de Dios lo alcanza desde un pasado anterior a los tiempos.

Un creyente, cuando se dirige a Dios, no es más que un cuerpo abandonado de Dios. Nadie reza propiamente cuando da por sentado que se está dirigiendo a Dios. Tan solo reza nuestro cuerpo o, mejor dicho, el cuerpo que, arrodillado por el peso del sufrimiento, es incapaz incluso de imaginar que haya un Dios de su parte. Para el filósofo, dicha situación supone, por el contrario, una degradación de lo humano. En este sentido, los griegos decían que nada humano sobrevive donde el cielo cae sobre nuestras cabezas. Al menos, porque en esa situación el hombre tiende a comportarse como las bestias, al quedar enteramente sometido al poder de una naturaleza indómita. Desde la óptica de los griegos, el hombre tan solo llega a realizar su humanidad en el seno de una *polis*. Únicamente en el marco de una *polis* el hombre puede configurarse como humano. Pero no hay *polis* que pueda valer para quien ha sufrido la desgracia. Aunque haya logrado sobrevivir, nadie vuelve con vida de los campos de la muerte. La *polis* inevitablemente se le revela como una impostura. Sin embargo, desde el punto de vista creyente, no es posible que el hombre pueda reconciliarse con su condición de criatura si no es bajo un cielo impenetrable. Cristianamente, hay vida más allá de la catástrofe. De hecho, se trata de la vida a la que el hombre está destinado. Es verdad que la fe del creyente en un Dios que está por ver o, mejor dicho, en un Dios que se revela como su incierto *por-venir* puede, a momentos, tambalearse. Pero la zozobra no lo instala en la posición, en el fondo escéptica, del sujeto de la filosofía. En este sentido, no es casual que las dudas del creyente, dudas de las que dan testimonio numerosos textos bíblicos, no pongan en cuestión la realidad de Dios, sino más bien su fidelidad. El creyente, en su duda, sigue dirigiéndose a Dios. Aun cuando no sienta a Dios.

En cualquier caso, una alteridad que no penetra hasta el tuétano de nuestra existencia desde su esencial invisibilidad no *es* nada —o nadie— absolutamente otro, sino a lo sumo una idea, aunque sobrecogedora. En este sentido, para el creyente, cualquier autosuficiencia se erige sobre arenas movedizas. Si el hombre es criatura, entonces se equivoca cuando cree que no lo es. Puede que no haya que ser filósofo para desmontar la superstición. Basta con ser creyente. Pues, desde la óptica de la fe, la creencia espontánea del *homo religiosus* es idolatría. Pero quizá solo como creyentes podamos ser lo suficientemente lúcidos como para reconocer el carácter ilusorio del ideal socrático de un dominio de sí. De ahí que el diálogo entre el creyente y el filósofo, en tanto que su postura existencial es distinta, no sea posible sin una crítica —y una crítica demoledora— del oponente, mejor dicho, del tipo de sujeto que hay detrás. Un diálogo entre el creyente y el no creyente que no se diera como un asunto personal no sería mucho más que una tertulia de café, lo cual y quizá por eso mismo terminaría por darle la razón al no creyente.

9 A FLOR DE PIEL

Un creyente no es simplemente aquel que supone que hay Dios como otros puedan suponer que hay unicornios en las entrañas de la tierra, sino aquel que se encuentra a sí mismo frente a la radical trascendencia de Dios o, por decirlo en

clave cristiana, cuestionado por un Dios que se identifica con
un crucificado en nombre de Dios. Ahora bien, lo cierto es
que la mayoría de creyentes hoy en día no vive a flor de piel
su hallarse en manos de Dios. Puede que, a lo largo de la historia, haya habido pocos hombres de fe. Puede que quienes
permanecieron dentro de los márgenes de una cultura religiosa nunca estuvieran sometidos a la verdad de Dios, sino
en cualquier caso a sus imágenes de Dios. Sin duda, quienes
formaron parte de una cultura religiosa, porque aún podían
tomarse en serio las imágenes de Dios, pudieron incorporar
con naturalidad la alteridad de lo divino. Pero al igual que la
incorporaban, la falsificaban. Un Dios fácilmente incorpo-
rable es un Dios fácilmente manipulable. Sin embargo, un
Dios cuya única imagen es la de un condenado a morir como
un maldito de Dios es intratable, por no decir indigerible. La
alteridad del Dios cristiano no es la alteridad aparente de los
dioses con los que cabe negociar. Cristianamente, la dependencia de Dios es experimentada desde nuestra incapacidad
para responder a la demanda que nace del perdón de un
crucificado. La convicción creyente es que nos encontramos
en manos de la misericordia de Dios. De ahí que para el creyente no quepa estar ante Dios si antes no confesamos nuestra impotencia ante el Crucificado. Con todo, la cuestión es
bajo qué condiciones esta confesión puede aún ser sincera.
Y estas no son, ciertamente, las de nuestra pertenencia a una
sociedad que ha dejado de ser cristiana. La Modernidad es
la época de la fe del hombre en su posibilidad. Y donde el
hombre se comprende como aquel que se basta a sí mismo,
no hay lugar para sentirse en manos de Dios. Sin embargo,
que ya no podamos sentirnos espontáneamente así salvo des-
varío no significa que en realidad no estemos en manos de

Dios, aunque se trate de un Dios que se puso en manos de los hombres para llegar a ser el Dios que es.

Porque ya no experimentamos a flor de piel el encontrarnos en manos de Dios, hoy en día entendemos la convicción bíblica de que vivimos por el aliento de Dios en los términos de un *como si*. Esto es, como si Dios nos respirase, lo cual sugiere que la experiencia religiosa no parte de nuestro estar expuestos a la alteridad de Dios, sino de nuestra necesidad de pertenencia. Ahora bien, para el viejo creyente no se trataba de un modo de hablar, sino de una certidumbre existencial. El viejo creyente experimentaba la dependencia de Dios como nosotros actualmente experimentaríamos el estar en manos del juez que tuviera que decidir si nos condena a muerte o, por el contrario, nos absuelve. Y es que, de ser este el caso, no creeríamos simplemente que seguimos con vida como si un juez nos hubiera exculpado, sino que padeceríamos nuestro hallarnos en manos del juez con *temor y temblor*. Sin embargo, resulta evidente que actualmente no nos sentimos así con respecto a un Dios que, según profesa el credo cristiano, decide el sí o el no de nuestra entera existencia. De ahí que Bonhoeffer dijera que hoy en día aquellos que se califican fácilmente a sí mismos como creyentes en modo alguno viven su creencia. Y al decir esto Bonhoeffer, no se refería tanto a la incongruencia de un cristianismo no practicante como a una incoherencia fundamental. El sujeto moderno, en la medida en que dice creer, no cree propiamente, sino que en cualquier caso *cree que cree*. Pues el *prius* de su existencia ya no es un hallarse en manos de Dios. Quizá esto último pueda ser imaginado en la intimidad por el hombre necesitado de amparo, pero no vivido, como decíamos, a flor de piel. Al menos en lo que tiene de terrible depender del veredicto de Dios.

Como dijimos, el hombre moderno de entrada no se enfrenta a Dios, sino a sus creencias acerca de Dios, las cuales, por defecto, pueden ser puestas entre paréntesis. El solo hecho de que podamos preguntarnos si hay o no hay Dios confirma implícitamente que no nos encontramos de manera espontánea cabe Dios. De ahí que el cristiano hoy en día, según las acertadas palabras de Bonhoeffer, tan solo pueda estar honestamente ante Dios, *etsi deus non daretur*, esto es, sin Dios. Como lo estuvo el Crucificado en su agonía. Aquí uno podría preguntarse si el *sin Dios* no conducirá con el tiempo a un dejar de estar ante Dios. Pero, en cualquier caso, lo cierto es que ya no cabe experimentar la dependencia de Dios tal y como la experimentaban el antiguo *homo religiosus* o el viejo creyente, esto es, como quien no quiere la cosa. Con todo, el *homo religiosus* no vive esta dependencia del mismo modo que el creyente. Pues el creyente depende de un Dios que no se muestra como dios. Estrictamente, no depende de la intervención de Dios, sino de su *por-venir*. El que cree en Dios antes que nada confía en la promesa *de* Dios y, en última instancia, en su misericordia. Podríamos decir que, en tanto que (de)pende del hilo de su esperanza, el creyente equidista tanto de la ingenuidad del *homo religiosus* como del escepticismo del sujeto de la reflexión. No obstante, quizá el creyente se encuentre más cerca de este último por el simple hecho de que el Dios al que apunta la fe es un Dios que no es nadie sin el *fiat* del hombre. Pues como reza un dicho talmúdico, «si crees en mí, yo soy; si no crees, no soy». Podríamos decir que la posición existencial del creyente y el sujeto de la reflexión superan en cierto modo la del *homo religiosus*. Con todo, no se trata de la misma superación.

Para entender mejor el contraste entre el creyente y el sujeto de la reflexión, supongamos que la vida fuera como un partido de fútbol. En principio, hay tres modos de estar en el campo. Por un lado, podemos hacer como los niños: balón que llega, balón que chutamos. Esto es, podemos vivir pegados a la inmediatez de nuestra circunstancia, reaccionando a sus demandas con más o menos fortuna. Quizá creamos que no se trata solo de reaccionar, al menos porque nuestra reacción, a diferencia de la animal, está preñada de significado. Pero que esto sea así no niega que la reacción determine, en este primer caso, cuanto hacemos o dejamos de hacer. Por otro, podemos plantear el partido profesionalmente. Podemos diseñar una táctica y, por consiguiente, preguntarnos si conviene abrir las líneas o jugar con un falso nueve. Y aquí hay, sin duda, reflexión, pero no la suficiente como para convertirnos en sujetos de la reflexión. De hecho, el planteamiento profesional nos permite jugar en serio, meternos en el partido, quizá como el niño, pero con un mayor dominio de las circunstancias. Ahora bien, no parece que el sujeto de la reflexión pueda tomarse el partido como un jugador profesional. Al menos porque el sujeto de la reflexión, y este sería el tercer modo de estar en el mundo, no deja de preguntarse qué hace chutando un balón con la intención de colocarlo entre tres palos. Quien se interroga de este modo a sí mismo sale propiamente del juego. Aquí el sentido del juego, el cual aceptábamos por defecto, salta por los aires. Todo cuanto sucede en el campo posee a partir de entonces el estigma de lo absurdo o la ilusión. Quien se pregunta por el significado último de cuanto le es dado queda, literalmente, fuera de juego o, cuando menos, juega como si no supiera jugar. Y, probablemente, seguirá sin saber de qué va el asunto, pues se irá de este mundo con las manos vacías. Como Sócrates en su momento. El fruto de la reflexión no es propiamente un sentido *verdadero*, sino la constatación de que, en última instancia, ignoramos de qué estamos hablando, sobre todo cuando nos llenamos la boca con grandes palabras. No hay sentido que valga para quien se pregunta por el sentido de la existencia. El sentido no deja de ser un encaje. Y el filósofo, sencillamente, no encaja. Pues nunca se encuentra en donde está. Podríamos decir que estamos cerca de la existencia espiritual. Pero se trataría de una existencia espiritual sin espíritu. De hecho, la creencia en espíritus es lo puesto en cuestión por la sospecha que conduce a la profundidad filosófica. Es lo que tiene sentarse en las gradas del espectador, aunque sea mentalmente, ocupando el lugar de un dios omnisciente.

Por tanto, quien ha sufrido la herida de la interrogación socrática no puede situarse ante el exceso de lo real como se sitúan, aunque no del mismo modo, el *homo religiosus* y el creyente. La distinción entre el *homo religiosus* y el creyente tiene que ver con que Abraham acaso se encuentra más cerca de Sócrates que del sacerdote de Baal. Pues tanto en el caso de Abraham como en el de Sócrates, la trascendencia de la alteridad es radical. Nada de lo que parece otro es en verdad otro. Para Sócrates, porque todo sufre la erosión del tiempo. Para Abraham, en cambio, porque todo pende del hilo de la promesa de Dios. Ambos, sin embargo, están fuera de juego. Ahora bien, creer no es lo mismo que pensar desde la tribuna, y no porque la creencia excluya el pensamiento. Abraham confía en un Dios que se hace presente como un Dios que le invoca desde su porvenir, mientras que el carácter excesivo de lo absolutamente real es, para el sujeto de la filosofía, únicamente el objeto de su admiración, perplejidad o incluso anhelo. Según Sócrates, lo absoluto no es en absoluto un quién, mientras que según Abraham, Dios es un Tú que tiene pendiente, precisamente, su quién. Abraham no se ve empujado tanto al asombro como a un tener que responder. Para Abraham la invocación de Dios se desprende de un Dios que anda rozando la inexistencia y que, por eso mismo, reclama la fe del hombre. En cambio, Sócrates no se siente propiamente llamado, sino en cualquier caso impulsado por el deseo de lo incondicional o absoluto. En la búsqueda socrática no hay invocación, sino *eros*, el cual no deja de ser un dios menor, una simple fuerza, aunque ciertamente poderosa. Aquí la trascendencia de lo real —el eterno diferir de lo enteramente otro con respecto a su hacerse presente a una sensibilidad— es lo constatado en el espacio de la reflexión como una alteridad sin rostro. Abraham debe responder a una *pro-vocación*. Sócrates, por su parte, tiene que encontrar una respuesta. No es exactamente lo mismo.

10 LA CRÍTICA A LA SUPERSTICIÓN
Y LA DIFICULTAD DE LA INCORPORACIÓN

Sabemos que vamos a morir. Pero vivimos como si la muerte no fuera con nosotros. De algún modo esto tiene que ser así. Pues tampoco viviríamos si continuamente tuviéramos en mente que podemos morir en cualquier instante. Sin embargo, es igualmente cierto que no acabamos de tener un presente donde en modo alguno tenemos presente que estamos de paso. De ahí el *memento mori* de los antiguos. Difícilmente creeremos que la vida nos ha sido dada si obviamos que existimos bajo el horizonte de la muerte. No hay espiritualidad que no se centre en la experiencia de la vida como don. Además solo desde la óptica de la muerte podemos llegar a distinguir entre lo que importa y lo que no. Es verdad que, cristianamente, la muerte que provoca nuestra inquietud —la muerte que nos descentra— no es la propia, sino la de tantos hombres y mujeres que mueren injustamente antes de tiempo. Pero una cosa no quita la otra.

Ahora bien, sea como sea, no es lo mismo saber que caer en la cuenta. Aun cuando sepamos que vamos a morir, tan solo caemos en la cuenta de ello una vez los últimos análisis confirman que apenas nos quedan unos pocos meses de vida. Y aquí no podemos seguir como si no nos fuéramos a morir. La situación de quien encara la muerte porque no tiene más remedio sería análoga a la de aquel que, habiendo creído en Dios, se encuentra bajo un cielo impenetrable. En ese momento, incluso la fe se tambalea. Como si no hubiera Dios. La catástrofe sería, en este sentido, la ocasión de un caer en la cuenta de lo que supone creer en Dios. No es casual que la palabra *apocalipsis* signifique tanto catástrofe como revelación.

De lo anterior podríamos deducir que solo es posible creer a partir de aquellas situaciones en las que no parece que haya un Dios de nuestra parte. Y en cierto modo esto es así. La poca fe que podamos tener se la debemos a quienes sobrevivieron —y quizá sobrehumanamente— al hundimiento de los cielos. Creer supone creer que, en nombre de quienes, por decirlo así, volvieron con vida de la muerte, el verdugo no tendrá la última palabra. Hay vida más allá del infierno, lo cual no implica necesariamente creer que el alma no muere con el cuerpo. Por eso mismo, la fe cotidiana —la fe del día a día— depende de preservar la memoria de los testigos de Dios. Nadie cree por su cuenta y riesgo. Ahora bien, es difícil preservar dicha memoria más allá del recuerdo de una vida ejemplar, donde no cabe tomarse en serio las imágenes que, de algún modo, concentran lo que sus vidas encarnaron o hicieron presente. Resulta más fácil creer que Jesús, probablemente un hijo ilegítimo, creció en el amor de María —que la bondad de María permaneció intacta frente a la impiedad del mundo— donde cabe venerar su *inmaculada concepción* que donde esto ya no es posible. En verdad, María permaneció virgen, aunque de hecho no lo fuera. Pues la verdad —lo que en verdad tiene lugar o acontece— es lo que se representa o revela en cuanto sucede. La crítica ilustrada a la superstición hizo inviable que pudiéramos incorporar —literalmente, hacer cuerpo— la verdad a la que apuntaba el imaginario religioso. Dicha crítica fue necesaria, al menos porque llega un momento en que las imágenes adulteran lo que conservan simbólicamente. Podríamos decir que no hay imaginario que no posea fecha de caducidad. La imagen de María *virgen* fue significativa en los orígenes porque quienes la acuñaron tenían muy presente, dejando a un lado el simbolismo veterotestamentario que poseía de por sí, la bondad a la que apuntaba, una bondad de carne y hueso. Hoy en día es un *como si*, en el mejor de los casos. No obstante, lo cierto es que el desprecio moderno del imaginario religioso como vehículo de la verdad de Dios terminó tirando al niño junto al agua sucia. Aunque no solo eso. Hizo también inviable el trabajo con uno mismo que practicaron los antiguos. Y es que no es igual lidiar con el conflicto interior donde es posible concebir que nuestros peores instintos no son propiamente nuestros, sino la expresión de lo demoniaco, por decirlo así, que donde damos por sentado que, aun cuando se nos exija dominarlos, cabe identificarse con ellos. En el primer caso, el hombre puede seguir comprendiéndose a sí mismo en relación con lo alto o, si se prefiere, con lo que está llamado a ser. En el segundo, cualquier elevación no es más que simple postureo.

11 COPÉRNICO

El sujeto moderno no juega en la misma cancha que el *homo religiosus*. Como es sabido, el heliocentrismo copernicano tuvo un papel determinante a la hora de consolidar la nueva subjetividad. Pues, más allá de la hipótesis heliocéntrica, lo que Copérnico puso encima de la mesa fue la escisión entre la visión espontáneamente religiosa del cosmos y su descripción neutra o imparcial. A partir de Copérnico, la impresión de que formamos parte de un mundo que se ofrece como el campo de batalla de poderes que nos sobrepasan y en la que, de algún modo, estamos implicados, es desestimada por irreal. La Tierra ya no ocupa el centro del universo. Ciertamente, quizá no podamos dejar de decir que el Sol se mueve. Pero lo que se mueve en realidad es la Tierra (y nosotros con ella). El hombre difícilmente podía seguir creyendo que ocupaba el centro del cosmos.

Aquí algunos podrían objetar que la distinción entre lo que nos parece que es y lo que es —la diferencia entre *doxa* y *episteme* — es tan antigua como la filosofía o, si se prefiere, tanto como la que media entre un saber esotérico y otro exotérico dentro del campo de las religiones. Ahora bien, la escisión entre una visión cargada de sentido y una descripción neutra o impersonal de cuanto nos rodea va más allá de la que plantea la filosofía entre el conocimiento y la opinión. La filosofía no deja de salvar las apariencias, como decía Aristóteles, al revelarlas, precisamente, como tales. Como si tan solo se encargara de mostrar el fondo racional de cuanto vemos espontáneamente, aunque sea en clave imaginativa. Desde Copérnico, sin embargo, una adecuada descripción de lo que son las cosas no se encuentra solo *por debajo* de lo que espontáneamente nos parece que son las cosas, sino que supone también un cambio radical del lugar en el que nos situamos a la hora de intentar comprender el mundo. La inconmensurabilidad de lo real, su carácter extremadamente trascendente, no afecta al sujeto del conocimiento. En tanto que situado en las gradas del espectador, contempla el mundo como si el mundo no fuera con él, salvo en lo que tiene de dominable. De ahí que el significado de nuestro estar en el mundo deje de comprenderse en continuidad con una descripción adecuada del mundo. Las cosas ya no se encuentran cargadas de sentido. El significado del mundo queda relegado al ámbito de lo subjetivo. La meta de cuanto podamos hacer o dejar de hacer se convierte en un asunto personal. De este modo, la experiencia espontánea del carácter sobreabundante del mundo, junto con las creencias que suelen acompañarla, deja de valer como esa verdad que hace posible un arraigar significativamente en el mundo. Esto no necesariamente tenía que ser así para el sujeto de la filosofía, a pesar de que su horizonte sea también el de una superación de la experiencia inmediata del mundo. El filósofo, tras descubrir que la realidad en sí misma se encuentra más allá de su expresión sensible, sigue de algún modo expuesto a la desmesura de lo real, aun cuando no se arrodille ante ella. En cambio, la cosmovisión científica no puede aceptar otra desmesura que la provisional. A diferencia de los sabios de la Antigüedad, el científico cuando investiga no se comprende a sí mismo formando parte de un orden cuyo sentido lo sobrepasa por entero. Al contrario. Como tal se encuentra fuera del mundo a la manera de un dios *sabelotodo*.

Así, el viejo creyente podía perfectamente entenderse como un personaje, e incluso como un personaje relevante, de la historia de la salvación. Como si la historia de la salvación fuera un drama teatral de dimensiones cósmicas. O por decirlo con otras palabras, el viejo creyente podía tomarse en serio el argumento, el combate entre las fuerzas del bien y el mal, el sentirse llamado a una misión y no tan solo inclinado a actuar. Sin embargo, tras la revolución científica, quien se comprende como formando parte de un drama cósmico hace sencillamente el ridículo. Su combate es, en cualquier caso, su fantasía, un *como si*. La historia de la salvación deviene tan solo un modo de exponer, quizá literariamente brillante, un significado que ha perdido todo contacto con el cómo son realmente las cosas. El mundo moderno se desprende de su carga significativa como si fuera un lastre, aquel que impide, se supone, una ajustada comprensión de lo dado. A partir de Copérnico, el sujeto de carne y hueso pasa a ser una cosa entre otras. Su verdad no es la verdad. Esta se determina como tal desde el punto de vista desinteresado del espectador, el cual no deja de ser el trasunto de una divinidad omnisciente. Y para quien observa el mundo desde fuera, todo deviene *objetivo*. Pues la palabra *objetivo* remite a lo que permanece frente a un sujeto, no ya como algo absolutamente otro y, por consiguiente, irrepresentable, sino como el correlato de un contenido mental.

Que la objetividad sea el desiderátum epistemológico de la Modernidad no solo tiene implicaciones gnoseológicas, como resulta evidente, sino también antropológicas. El sujeto moderno ya no se comprende a sí mismo como estando sujeto a un eterno más allá, sino únicamente en relación con el objeto y, en última instancia, como su condición de posibilidad. La reducción de la alteridad a cosa supone, por consiguiente, no solo una reducción del campo de lo real, sino también un empobrecimiento del yo. Como dijimos, la alteridad tan solo se entiende modernamente como el presupuesto formal de nuestras ideas acerca del mundo. Ciertamente, el carácter absolutamente otro de cuanto podemos ver y tocar es lo obviado en la experiencia sensible. Pero precisamente porque es obviado no termina de ser pensado como eso que se sustrae a la experiencia sensible y que, por eso mismo, constituye su condición de posibilidad. Podríamos decir que la Modernidad da carta de legitimidad a la obviedad. La ciencia solo sabe de cosas —de las relaciones entre cosas— y, por eso mismo, ignora en qué consiste ser cosa. Para la ciencia, lo otro como tal, esto es, con independencia de su mostrarse a una sensibilidad, deviene únicamente el límite formal e infranqueable del saber. Aquello —o aquel— enteramente otro, en tanto que permanece fuera del horizonte del saber, es algo que no nos concierne. No debería extrañarnos, por consiguiente, que las relaciones humanas hayan terminado observándose desde el paradigma mecanicista, aquel que nos permite verlas como simples reacciones a estímulos y no como respuesta a la demanda del que siempre se encuentra más allá de sí mismo. En lugar de darse como lo que en verdad es —como lo que necesariamente se oculta en su mostrarse—, el carácter enteramente otro de cuanto podemos ver y tocar se revela únicamente como el presupuesto formal de la experiencia, la idea —y solo la idea— de la *cosa-en-sí*.

Así, lo objetivo es el resultado de haber reducido la alteridad a las condiciones de receptividad de la subjetividad. Tan solo es lo que ajusta a dichas condiciones. Tan solo hay cosas. De ahí que, tras su reducción a cosa, la alteridad pierda su carácter incisivo o interpelador. Estrictamente, ni siquiera podríamos decir que haya algo otro, ni por supuesto alguien más allá de lo constatable. No es casual que Kant no pudiera responder a la pregunta sobre en qué sentido podemos decir que *hay cosa-en-sí* si tan solo puede haber aquello que cae dentro de las condiciones de posibilidad del conocimiento. El argumento de Kant, como es sabido, es que somos pasivos con respecto a las sensaciones. Sencillamente, estas tienen que proceder del *exterior*. Pero, como bien supo ver Descartes, la sensación por sí sola no garantiza la existencia de un afuera. Podría ser perfectamente el producto de una mente que segrega mundos. La Modernidad tiene un problema con la alteridad *avant la lettre*. No es solo que no sepa qué hacer con ella, sino que no puede ni siquiera concebir la radical trascendencia de cuanto es o adviene a la presencia en tanto que algo —o alguien— enteramente otro. Para el sujeto moderno, la naturaleza exterior del mundo no es más que lo supuesto por la conciencia en su experiencia del mundo. En nuestros tiempos, la alteridad ha dejado de ser algo —o alguien— *en realidad* otro. De ahí que tan solo se admita como real lo que encaja en el marco de la receptividad. La alteridad de lo real es desestimada como algo *supuestamente* otro. A oídos modernos, aquello tan platónico de que *si podemos ver lo que vemos es porque hay en lo que vemos algo que no vemos ni podremos ver* no es más que un galimatías conceptual. *Eppur si muove.*

Quizá esto siempre haya sido así, pues el imaginario religioso, al representar lo divino, tarde o temprano termina cosificando lo que en modo alguno admite una representación o imagen. Sin embargo, lo propio de los tiempos modernos es que esa reducción se opera sin el recurso del imaginario religioso, con lo que la radical extrañeza de lo otro —o del otro—, al no poder adoptar las formas de dicho imaginario, difícilmente, como decíamos antes, puede ser incorporada por el sujeto, aunque sea al precio de falsearla. El mundo que habitamos es un mundo inerte. La desmesura de lo real hace tiempo que dejó de invocarnos. En lo que respecta a la verdad, la perspectiva *exterior* —la visión del espectador que se pretende omnisciente— prima sobre la *interior*. El mundo moderno es un mundo donde la verdad se da desde un punto de vista ajeno al sujeto de carne y hueso, de tal modo que lo que en verdad acontece, en ausencia de una *dramatis personæ*, no puede ya ser honestamente interiorizado. El significado no reside en la naturaleza de las cosas, sino en la mente de un sujeto que es incapaz de soportar un mundo sin sentido. Como dijimos, el sujeto de la reflexión, en el ejercicio de la sospecha, se sitúa fuera del mundo y, por eso mismo, a una cierta distancia de sus creencias, incluyendo obviamente las religiosas. De ahí que, como decía Martin Buber, el creyente no pueda evitar hoy en día preguntarse por el sentido de su dirigirse a Dios. Tan solo ingenuamente, esto es, como aquellos que aún no se han distanciado lo suficiente de sí mismos, podemos hoy en día tomarnos en serio cuanto en un primer momento nos parece divino. Con todo, llegados a este punto acaso convenga distinguir entre

la ingenuidad del niño y la de quienes alcanzan una segunda
ingenuidad porque están de vuelta, como quien dice. Al fin y
al cabo, puede que la vida consista en un volver a casa con el
aspecto (y la sabiduría) de un mendigo. Como si no hubiera
otra experiencia que la de la infancia, aun cuando durante
la infancia ni siquiera nos diéramos cuenta.

12 EL ERROR MODERNO

El viejo *homo religiosus* de los tiempos antiguos iba ciertamente sobrado de imágenes. Sin embargo, puede que
erremos el tiro donde fácilmente tachamos el imaginario
religioso de superstición. Que nos tomemos, como quien
no quiere la cosa, las típicas representaciones de las divinidades paganas como el destilado de una desbordante fantasía
probablemente sea el síntoma de nuestra actual dificultad
para entender cómo funcionaban. Pues teniendo en cuenta
que no cabe imaginar a Dios —¿cómo puede siquiera concebir una pulga la existencia del hombre?—, quizá una buena
manera de permanecer expuestos a la desproporción de lo
divino sea cargándola con el peso de unas imágenes, literalmente, increíbles.

Nos equivocamos, por tanto, cuando damos por sentado
que el hombre de la Antigüedad, sobre todo si poseía una
cierta formación, creía que la divinidad era tal y como se
representaba en los mitos más delirantes. De hecho, no podía
creerlo en tanto que esas representaciones eran, como acabamos de decir, increíbles. Con todo, si funcionaban como
marcas de la divinidad, siendo increíbles, era porque se daba
por descontado que la distancia entre la divinidad y los

hombres era insalvable. Donde esto no se da por descontado
—donde ni siquiera podemos asegurar que haya un Dios—,
dichas representaciones quedan como simples entelequias
mentales. El *homo religiosus* de los tiempos antiguos se toma-
ba en serio las figuras del mito al igual que nosotros hoy en
día aceptamos como quien no quiere la cosa lo que se decía
de Charlie Parker, a saber, que era capaz de hacer volar un
saxo. Es evidente que un saxo no es un pájaro. Pero ¿cómo
expresar que consiguiese del saxo lo que ningún otro ha conseguido, ni conseguirá jamás? ¿Cómo decirlo de tal modo
que quede impreso en la memoria? ¿Diciendo simplemente que era y sigue siendo el mejor? No es casual que sus
contemporáneos terminasen llamándole Charlie *Bird*. No
se trata de un modo de hablar. Charlie Parker es *realmente*
el hombre-pájaro, aunque *de hecho* no lo sea. Necesitamos
palabras increíbles para testificar lo que se encuentra por encima de lo prosaico. Ciertamente, nos sorprenderíamos si los
hombres y mujeres del futuro creyeran que nosotros estába-
mos convencidos de que Charlie Parker era un pájaro.

Así, regamos fuera de tiesto cuando suponemos que con
el *amigo invisible* de nuestra infancia o, si se prefiere, con la
reducción del Dios del teísmo al *espíritu de interconexión*,
estamos más cerca de la verdad de Dios que los antiguos con
sus inverosímiles imágenes. Quizá la idea de una divinidad
sin imágenes sea más adecuada a la realidad de Dios, pero lo
que perdimos por el camino, tirando por el desagüe las figuras inviables de Dios, es la posibilidad de vivir a flor de piel
su extrañeza o desproporción. No es casual que Max Weber
defendiera la idea de que con la crítica profética a la idolatría,
por no hablar de la identificación de Dios con un crucificado,
comenzó la secularización del mundo. Con todo, tampoco

cabe volver atrás. De ahí que, una vez caemos en la cuenta
de que no hay otra imagen de Dios que la de aquel que se
entregó a Dios colgando de un madero como un apestado
de Dios, el exceso de Dios, al margen de su encarnación, tan
solo pueda sufrirse como el exceso de su silencio.

13   LA HIPÓTESIS DEL DISEÑO INTELIGENTE

Actualmente, se ha puesto de moda, sobre todo en el ámbito
anglosajón, la hipótesis del Diseño Inteligente. Con esta se
pretende recuperar la legitimidad de la fe cristiana, frente al
desafío de unas ciencias que no quieren saber nada de Dios.
El mundo, sencillamente, no es fruto del azar. No puede serlo. Quienes defienden la existencia de una inteligencia creadora se basan en el sobrecogimiento que provoca un mundo
cuyas infinitas piezas parecen encajar a la perfección. En este
sentido, no hay diferencia esencial entre quienes creen en la
existencia de un creador y quienes antiguamente aceptaban
espontáneamente la existencia de poderes invisibles. Aquí no
hay duda que ponga en jaque la creencia, ni siquiera donde el
mundo se revela, también, como el lugar en donde el mal parece tener la última palabra. Podríamos decir que la hipótesis
del Diseño Inteligente es la propia del *niño made in USA*. En
cierto modo, dicha hipótesis recuerda a la del deísmo ilustrado, si es que no coincide con ella. No es casual, por tanto,
que sus partidarios terminen defendiendo la compatibilidad
entre fe y ciencia, lo cual viene a ser lo mismo que defender
la compatibilidad entre la fe y el sujeto moderno.

Sin embargo, uno podría preguntarse hasta qué punto
el Dios que se revela en la cruz es armonizable con la des-

cripción científica del mundo. Pues el dios que hace buenas migas con la neutralidad científica es, como decíamos, el dios hipotético del deísmo ilustrado, el relojero que puso en marcha el mecanismo de un cosmos autónomo, no el Dios que se identifica con aquel que murió en la cruz bajo el implacable silencio de Dios. Y no solo porque la ciencia dé por sentado que el reconocimiento de Dios como crucificado nada tiene que ver con la descripción de cómo son las cosas, sino porque el sujeto que abraza la ciencia no puede ser, como tal, el sujeto que abraza a un Dios que cuelga de un madero. Así, la pregunta de si ciencia y fe son compatibles depende de la idea de Dios de la que se parta, y, por extensión, de la postura existencial en la que nos encontramos. En cualquier caso, un dios que se comprende como la causa eficiente de cuanto es —un dios, en principio, compatible con el mundo— no exige la fe del hombre.

Los defensores de la hipótesis del Diseño Inteligente se equivocan, por tanto, cuando creen que con sus argumentos han legitimado la viabilidad de la fe cristiana hoy en día. A lo sumo, habrán puesto encima del tapete la posibilidad de un creador. Pero para el hombre que, asentado en el mundo, confía en su posibilidad, una mente creadora, como dijimos, no puede ser más, aunque tampoco menos, que una mente creadora. Si los partidarios de la hipótesis creen que cabe inclinarse ante dicha mente, es porque, en el fondo, quizá sigan anclados en la infancia. Cristianamente, Dios no exige la postración del hombre, sino su fidelidad. O mejor dicho, el Dios que nos obliga a arrodillarnos, más allá de una servidumbre infantil, es el Dios impotente, aquel que no es nadie sin la entrega incondicional del hombre, el Dios que yace abatido en los cuerpos de los abandonados de Dios.

Desde el punto de vista bíblico, no negamos que el mundo sea debido a Dios. Al contrario. Pero no le debemos nuestra vida a Dios porque Dios sea una especie de ente espectral que se entretuvo creando el mundo a la manera de un jugador de *minecraft*. Dios es la causa del mundo porque todo nos ha sido dado por el retroceso de Dios. En este sentido, la experiencia bíblica de Dios no es propiamente de Dios, sino de lo debido a Dios. Desde el paso atrás de Dios, el mundo se nos presenta como don y, en definitiva, como milagro, aunque también como *lager*. Hay mundo porque no hay Dios o, mejor dicho, porque la realidad de Dios, su extrema alteridad, es lo siempre pendiente del mundo. A la ciencia le sobra cálculo y le falta, cuando menos, dialéctica.

En cualquier caso, la hipótesis del Diseño Inteligente tiene hoy en día las de ganar frente a un cristianismo que pretenda ser fiel a sus raíces. Cuando menos porque cada vez hay más *niños* que se resisten a distanciarse de sus creencias más epidérmicas. El cristianismo o, mejor dicho, sus pastores se equivocarían si lanzaran las campanas al vuelo. Aunque es verdad que Dios, como suele decirse, escribe recto con renglones torcidos.

14   FEUERBACH Y LA EXPERIENCIA DEL EXCESO

El sujeto moderno no se encuentra en primer lugar ante Dios, sino ante sus creencias acerca de Dios. Pues en el momento en que se interroga sobre la verdad de la experiencia inmediata, de cuanto cree o le parece que es, esta deja de ser el dato incuestionable de la existencia para convertirse en un contenido mental bajo sospecha. Sin embargo, ¿cuáles son las implicaciones de lo que acabamos de decir con respecto a la relación del hombre con la verdad?

La tesis de Feuerbach, como sabemos, es que el hombre no existe a imagen de Dios, sino que es Dios el que *existe* a imagen del hombre. Sencillamente, Dios no es más que una proyección del hombre, el lienzo sobre el que dibuja lo que quisiera para sí mismo. Según Feuerbach, la teología no deja de ser una antropología por otros medios. Sin embargo, de la tesis de Feuerbach no se desprende que el sujeto moderno sea incapaz de exponerse a lo que lo supera por entero. De hecho, es perfectamente capaz, aunque no lo tenga fácil.

La experiencia de lo sublime sería, en este sentido, el equivalente moderno de la experiencia religiosa de la trascendencia. Ahora bien, lo cierto es que dicha experiencia, de por sí, no sitúa al hombre en la posición de la criatura, sino en cualquier caso en la de quien es consciente de su propia finitud. Pues el sentimiento de lo sublime consiste, *grosso modo*, en un mantenerse en pie ante la desproporción de lo real. La impresión del carácter contingente de la existencia, la cual, por fuerte que sea, no nos obliga a hincar la rodilla ante nadie, ocuparía el lugar del sentimiento de dependencia de la criatura. O por decirlo con otras palabras, el sobrecogimiento ya no conduce a la adoración. En cualquier caso, la desmesura de lo *divino* es, para el sujeto moderno, anónima o impersonal, y no la de un Tú que quiere algo del hombre, aun cuando ese Tú no pueda concebirse bíblicamente a la manera de un ente espectral supuestamente bueno. De hecho, el creyente se encuentra expuesto a la desproporción de un Tú en tanto que se encuentra sujeto a una voluntad sin medida. O por decirlo de otro modo, a la invocación que se desprende de un Dios en falta y que, por eso mismo, se expresa con la voz de quienes sufren, precisamente, esa falta, un Dios que no es aún nadie sin la respuesta del hombre a su invocación. La voluntad de Dios —el querer de Dios— es lo que nos queda de Dios tras la caída. Al fin y al cabo, su voluntad —su mandato— es su testamento.

Consecuentemente, la crítica moderna al imaginario moderno, al tirar al niño del Dios bíblico junto al agua sucia de la religión, se ciega a aquella concepción del hombre en la que este se comprende a sí mismo como el que se halla sometido a una interpelación fundamental. El sujeto moderno, en tanto que autónomo, es espontáneamente incapaz de situarse en medio de la distinción mosaica entre el Dios verdadero y el ídolo —entre el Dios que invoca al hombre desde un pasado inmemorial y el dios hecho a la medida del hombre. Para el sujeto moderno, la cuestión, en cualquier caso, es hasta qué punto el hombre podrá reconocerse en el dios que imagina. En cambio, la cuestión bíblica es la inversa, a saber, hasta qué punto Dios podrá reconocerse de nuevo en el hombre. Ahora bien, desde los presupuestos de la subjetividad moderna no es posible, siquiera, entender la pregunta.

Ahora bien, si Feuerbach pudo sostener que Dios es una proyección del hombre, es porque, lo primero, para el sujeto moderno, es su representación mental de Dios, no su haber tropezado con su extrema alteridad, aquella que, desde el punto de vista del monoteísmo veterotestamentario, se hace presente como la de un Dios en retroceso. Con otras palabras, si podemos sospechar de nuestras representaciones de Dios, es porque, en definitiva, la alteridad —la paradójica extrañeza del absolutamente otro— ha dejado de ser el *prius* de nuestro estar en el mundo. No al revés. La alteridad no ha dejado de ser un *prius* debido al ejercicio de la sospecha, sino que la sospecha es posible debido a que la alteridad ha dejado de ser un *prius*. La pregunta es por qué ha dejado de serlo. Y aquí probablemente tengamos que recurrir al viejo Marx. Pero de ello hablaremos más adelante.

15 KANT COMO FILÓSOFO (CASI) JUDÍO

La filosofía moral de Kant puede entenderse como una cifra de la operación moderna. En términos generales, la tesis de Kant viene a decirnos que el hombre es autónomo porque tiene dentro de sí la ley que establece la diferencia entre el bien y el mal. Nadie tiene que decirle al hombre cuál es su deber. Basta con que reflexione sobre sí mismo —sobre el *a priori* del juicio moral— para caer en la cuenta de cuál es la exigencia que lo constituye como sujeto ético. La razón posee, según Kant, una dimensión práctica. La razón es, por defecto, coercitiva. La razón manda. Y del mismo modo que obliga a la naturaleza a ajustarse a las condiciones de posibilidad de la experiencia, también nos obliga como agentes morales. El sujeto es el que es, moralmente hablando, porque está *sujeto a* un imperativo categórico o incondicional: «actúa de tal modo que la máxima de tu acción pueda valer como ley universal». Esto es, que el interés o voluntad que dirige nuestra acción pueda ser el interés de cualquiera. O también, que nuestro único interés sea el de cumplir con el deber por el deber. Tan solo en este caso actuamos con buena voluntad. De ahí que dicho interés, aquel que nos constituye como sujetos morales, sea el único que, por no responder a ninguna inclinación en particular, podría ser el de cualquiera. La voluntad, por tanto, tan solo quiere actuar con buena voluntad. O por decirlo de otro modo, la voluntad únicamente pretende ser libre. Pues la libertad consiste en hacer lo que uno quiere, lo cual no significa, a pesar de que así lo entendamos inicialmente, hacer lo que uno desea. Con respecto al deseo no hay libertad, sino en cualquier caso sensación de libertad. Un deseo, como decíamos, no deja de ser un implante. La libertad para Kant es, literalmente, autonomía, y esta solo puede realizarse donde el hombre actúa sujeto a la incondicionalidad del mandato que, en tanto que es inherente a la estructura de la subjetividad, lo configura, precisamente, como sujeto capaz de distinguir entre el bien y el mal. Desde el punto de vista de la razón práctica, lo relevante es cumplir con el deber por puro sentido del deber. Y no hay otro deber que el de actuar con buena voluntad o, lo que viene a ser lo mismo, el de ser libre. Y puesto que libertad es hacer lo que uno quiere —y no simplemente el poder hacer lo que uno desea—, hablar de libertad equivale a hablar del querer. Al fin y al cabo, uno es lo que ama —o a quien ama.

Ahora bien, puesto que el deber moral siempre se da con respecto a un otro, el puro sentido del deber consiste, al fin y al cabo, en hacer lo debido por respeto al otro. El otro, como decíamos, es un fin en sí mismo. No hay deber moral que no suponga un deberse al otro, aun cuando Kant no se pregunte, que yo sepa, por el origen de nuestro estar en deuda con el otro. En realidad, Kant lo asume, aunque no hable propiamente de un estar en deuda, como el *factum* de la existencia moral. Y esto es, precisamente, lo interesante: que el hecho de estar sometido al imperativo categórico que sostiene la buena voluntad se entienda como un *factum* de la subjetividad. Su carácter incondicional o absoluto consiste en que el sujeto moral no es más, aunque tampoco menos, que un encontrarse *sujeto a* dicho imperativo. Un *factum* es un *non plus ultra*. La pregunta por el porqué de dicho *factum* carece, por tanto, de sentido. Y no porque no nos podamos preguntar por ello, sino porque, sea cual sea la respuesta, somos este encontrarnos sometidos al imperativo de la voluntad (y por eso mismo voluntad). El origen es, sencillamente, irrelevante. Incluso donde apeláramos a un dios.

Teniendo en cuenta lo que acabamos de decir, podríamos entender la operación kantiana como una secularización de la situación del hombre con respecto a la ley de Dios. Pues aquí el imperativo no se desprende de la extrema alteridad de Dios, sino que se halla inscrito en nuestros genes morales, por decirlo así. No se trata, por consiguiente, de una llamada, ni por supuesto de una opción entre otras, sino de un principio constituyente, algo así como un axioma moral. Ciertamente, el individuo no se encuentra sujeto tan solo a un mandato incondicional, sino que también se siente escorado por sus pasiones o deseos. De ahí que Kant distinga entre el sujeto trascendental, el que se comprende a sí mismo como un estar sometido a la ley moral, y el sujeto empírico, el que fácilmente se deja llevar por sus inclinaciones más o menos elementales o por las buenas costumbres. No hay pensamiento profundo que no piense la subjetividad como corte. Y la filosofía moral de Kant no es una excepción. Como hombres y mujeres, somos quienes sabemos qué debemos moralmente hacer. Pero también quienes con facilidad acabamos traicionando nuestro deber al ceder a nuestros deseos o intereses particulares. Como decíamos, Kant no entiende la libertad como un poder hacer lo que uno desea, pues uno siempre cede a su deseo donde logra llevarlo a cabo, sino como un estar sujetos al mandato de ser, precisamente, libres, el mandato que el hombre se da espontáneamente a sí mismo. Y la libertad solo se realiza donde actuamos con buena voluntad, en el sentido kantiano de la expresión. Libertad es disciplina o, por decirlo en bíblico, fidelidad. De hecho, según Kant, y en esto demuestra ser más profundo que muchos de sus adláteres, nunca podemos estar seguros de que actuemos con buena voluntad. Por mucho que sepamos qué debemos moralmente hacer, en ningún caso podremos asegurar que no haya motivos espurios que impulsen secretamente nuestro compromiso.

Ahora bien, dicho lo anterior, tampoco hay que ser muy perspicaz para caer en la cuenta, como decíamos antes, de que la maniobra kantiana supone una incorporación al marco de la subjetividad del imperativo incondicional del Dios bíblico. Con respecto al hombre, Kant y los autores de la Torá vienen a decir lo mismo o, al menos, algo muy parecido, a saber, que el hombre, desde sí mismo, se comprende como un estar sujeto a la incondicionalidad de un mandato, aun cuando, de hecho, viva como si no lo estuviera. La ley moral no es la expresión de una cultura o época, sino el imperativo que, en tanto que categórico, determina lo específicamente humano. El hombre como tal no puede dejar de escuchar la ley moral que en gran medida define su humanidad. Sin embargo, bíblicamente, y a diferencia de Kant, dicho mandato, aun cuando lo llevemos impreso en la piel, procede de un Tú que se revela como radicalmente otro, precisamente, porque lo perdimos de vista una vez fuimos arrojados al mundo. El creyente debe obedecer a Dios del mismo modo que, según Kant, el sujeto moral debe obedecerse a sí mismo. Pero, precisamente por esto, la obediencia creyente se determina como respuesta a un otro cuya voz insoslayable tan solo podrá escuchar en aquellos que dan testimonio de la extrema trascendencia de Dios, los excluidos, las víctimas inocentes, los que no parecen contar ni siquiera para Dios. Podríamos decir que, a diferencia del creyente, el sujeto trascendental de Kant es un yo que se encuentra por encima del sujeto de carne y hueso, pero no enteramente fuera de sí mismo. Dicho sujeto no debe responder ante nadie, sino tan solo ser coherente con su naturaleza. El respeto que inspira el otro no es el que inspira el absolutamente otro, sino en cualquier caso la expresión del imperativo racional que nos configura como humanos.

En este sentido, no es casual que, cuando distingue entre el sujeto del conocimiento y el sujeto moral, Kant se pregunte por su desconocida raíz común. Pues la Modernidad comienza, como dijimos a propósito de Copérnico, con la escisión entre ambos sujetos —y la filosofía de Kant, conviene no olvidarlo, es un exponente, y quizá *el* exponente, del pensamiento moderno. Desde una óptica bíblica, no cabe preguntar por dicha raíz en tanto que no se plantea la división entre el sujeto del conocimiento y el sujeto moral, cuando menos porque el imperativo incondicional que nos convierte en rehenes del hermano se desprende de la verdad de Dios. Si Kant se pregunta por la desconocida raíz común, es porque, modernamente, nuestra exposición a la alteridad ha dejado de ser el *prius* de la existencia. De ahí que en la filosofía moral de Kant no encontremos un equivalente a la *cosa-en-sí*, el concepto que en la primera *Crítica* se impone como el índice de una exterioridad radical y, por eso mismo, incognoscible, algo así como la frontera infranqueable del conocimiento. Acaso el equivalente a la *cosa-en-*

sí de la primera *Crítica* sería, en el caso de la segunda, el Yo trascendental. Pero estrictamente hablando no se trata de lo mismo. En cualquier caso, mientras la libertad sea entendida como autonomía, no es posible reconocerse como sujetos morales en relación con un Tú absoluto. La incondicionalidad del mandato, según decíamos antes, únicamente puede presentarse como el *factum* moral de la subjetividad. No hay más allá de ese *factum*. Ciertamente, estamos lejos de la convicción bíblica según la cual el fundamento de nuestra libertad —de nuestro poder responder y, en definitiva, de nuestro *querer*— reside en un hallarnos sujetos a una voluntad cuya heteronomía es radical. Pero, por paradójico que resulte, y contra lo defendido por Kant, puede que no haya otra libertad que la del rehén de un Dios que se identifica con el abandonado de Dios.

16   EL CAPITALISMO Y LA CRISIS DE LO SAGRADO

La crítica moderna al imaginario religioso, el cual es despreciado como superstición, no es tanto la causa de nuestras dificultades con Dios como su síntoma. Según dijimos, nuestra originaria exposición a la genuina alteridad de lo divino no ha dejado de ser un *prius* debido a la aparición de la ciencia, sino que el punto de vista científico ha llegado a ser el punto de vista hegemónico porque la alteridad ha dejado de ser el *prius*. La pregunta es cómo fue esto posible. Para responderla, quizá tengamos que recuperar alguna de las tesis del materialismo histórico y tomarnos en serio aquello de que la existencia precede a la esencia. Así, en términos generales podríamos decir que la pérdida de legitimidad del imaginario cristiano no obedece tanto al avance de la ciencia como a la irrupción de la economía del capital, aunque de hecho una cosa vaya con la otra. El presupuesto de la cosmovisión científica es que nada hay que sea en sí mismo sagrado, lo cual ya le va bien a la economía del capital. Pues, para el capital, todo se da como un posible objeto de manipulación o dominio. Un bosque sagrado no puede ser talado. Pero sí aquel cuya sacralidad es tan solo un modo de ver subjetivamente determinado. No es casual que lo sagrado haya dejado de ser la expresión privilegiada de lo real, en definitiva, de su alteridad. Pues lo sagrado es, por definición, lo intocable. Y el otro como tal siempre permanece más allá de lo tangible como el resto invisible de lo visible.

Es a causa de la irrupción del capital que, como dijera Marx, *todo lo sólido se desvanece en el aire*. Sometido al imperativo del crecimiento económico, el mundo se convierte en el ámbito de cuanto puede ser transformado. Nada es santo o intocable para el capitalismo. Todo es cuerpo, algo medible y, por eso mismo, susceptible de ser subyugado. No hay exceso que resulte, de por sí, *excesivo*. La desproporción de lo real es un asunto cuantitativo, no cualitativo. El que algo aparezca como enteramente otro o irreductiblemente extraño es relativo o circunstancial. De entrada, puede parecernos algo de *otro mundo*, pero en realidad no lo es; mejor dicho, no puede serlo. Basta con que nos familiaricemos con su novedad para que su extrañeza se disuelva como azúcar en el café. Para el sujeto moderno, una cosa misteriosa es algo cuya naturaleza aún está por descubrir. En este sentido, no deja de ser significativo que lo que antes era sobrenatural hoy sea, simplemente, paranormal. El misterio es, en cualquier caso, que haya mundo en vez de nada. Sin embargo, la nada ya no se entiende como la nada de Dios. Bíblicamente, la nada que abraza el mundo es la nada de Dios en tanto que Dios es lo pendiente del mundo. En cambio, para el sujeto moderno, la nada es tan solo una (im)posibilidad lógica, a lo sumo el motivo de su angustia, pero en modo alguno el eco de un alteridad perdida. Es por esto que el sujeto moderno deja de comprenderse a sí mismo como aquel que originariamente se halla expuesto a la *des-aparición* de Dios y, en última instancia, al porvenir absoluto de Dios.

17   NUMEN Y TABÚ

Por definición, lo santo es lo inalcanzable o intocable de por sí. Nadie puede poseer lo santo sin perecer como hombre, esto es, sin dejar de *ex-sistir*. Pues existir, literalmente, supone vivir como arrancado (y arrancado de lo que es en verdad, del absolutamente otro). Donde olvida esto último, el hombre termina viviendo como las bestias, aunque lleve encima la máscara que le recuerda quién debiera ser. Pues las bestias son, pero no existen. La profanación de lo santo tiene consecuencias antropológicas y no solo religiosas. Fácilmente suponemos que la profanación de la tierra sagrada demuestra que no era tan sagrada como creíamos. Sin embargo, para el antiguo *homo religiosus*, la profanación no habría demostrado el carácter ficticio de sus creencias, sino en cualquier caso que los dioses habían huido de la tierra que ha sido profanada. Quien profana envilece lo profanado. En su lugar, queda una tierra inerte. La profanación implica una cosificación del hombre, cuando menos porque el hombre existe como tal en relación con una alteridad inalcanzable. Y nada enteramente otro puede haber para quien se ha atrevido a colonizar la tierra donde habita el dios, aquella que no podemos pisar sin descalzarnos. Un dios, debido a su extrañeza o peligrosidad, siempre lleva encima el cartel de no tocar. *Noli me tangere*. El tabú que prohíbe cruzar la línea que nos separa de lo santo preserva, no tanto la sacralidad de Dios —que también—, sino la humanidad del hombre.

Es verdad que, modernamente, decimos que el tabú crea lo santo o, mejor dicho, la ilusión de lo santo. Pero podría ser perfectamente al revés: que lo santo exija el tabú, la prohibición infranqueable. Entre una cosa y otra anda la diferencia entre los tiempos modernos y los antiguos. La liberación del tabú religioso no conduce a una mayor libertad, sino únicamente a una libertad con respecto a dicho tabú. Esta libertad es, con todo, aparente. Pues el sujeto moderno, en su relación con el mundo, vive prisionero del tener que realizar lo técnicamente posible y, en una clave más personal, su deseo o preferencia. Sin duda, como individuos aún nos encontramos frente a ciertos tabúes, esos límites morales que, en tanto que incuestionables, hacen posible que podamos reconocernos como humanos, aunque ya no entendamos la justificación del tabú en relación con lo sagrado, sino solo con respecto a su carácter funcional. Pero como especie, el hombre ya no se encuentra, como dijimos a propósito de Nietzsche, bajo otro imperativo que el de *si es posible, debe hacerse*, el cual se revela como el principio normativo del dominio técnico del mundo. Una vez sea factible, pongamos por caso, modificar nuestro código genético, de tal manera que podamos vivir cien años como ahora vivimos diez, no habrá temor de Dios que nos impida llevar a cabo tal modificación. El principio del dominio técnico del mundo —junto al de una libertad entendida como el poder hacer lo que se desea, la libertad, en definitiva, del consumidor— es el santo y seña de la cultura moderna. Estamos, por consiguiente, en las antípodas de la norma que regula una sociedad teocrática, aquella en la que se da por descontado que no todo lo técnicamente posible debe realizarse. Frente a Dios no hay torre de Babel que valga. La extrema alteridad de Dios impone un *non plus ultra* a la existencia. Para una sensibilidad religiosa, Dios y el tabú van originariamente de la mano.

No se trata, en cualquier caso, de que hayamos prescindido de Dios o, mejor dicho, del dios de la religión porque, como sostiene Bonhoeffer, dispongamos de una mejor explicación, sino que, de hecho, es al revés: creemos contar con una mejor explicación —creemos que podemos dejar a un lado a Dios como hipótesis de trabajo— porque antes, sometidos a la lógica del capital, nos hemos desembarazado de Dios, aunque la relación entre existencia y esencia sea probablemente más densa —más dialéctica— de la que imaginó el viejo Marx. El *homo religiosus* de la Antigüedad no habría dejado de serlo porque le dijéramos que el rayo, pongamos por caso, es de hecho una descarga eléctrica y no la expresión de la ira divina. El antiguo *homo religiosus* seguiría estando convencido de que la descarga eléctrica es provocada por la ira del dios de turno. Y ello porque la idea de que hay dioses era un presupuesto de la experiencia, no un supuesto que pudiera ser puesto en cuestión.

18 LAS CONSECUENCIAS DE LA QUIEBRA DEL IMAGINARIO RELIGIOSO

En lo relativo a la posibilidad de un saber del que no podamos dudar, la Modernidad rechaza la imaginación como facultad cognoscitiva. En este sentido, no es casual que Descartes, en el ejercicio de la duda metódica, tan solo considerase la sensibilidad y la razón a la hora de preguntarse por el criterio de verdad. Ahora bien, lo cierto es que la alteridad se queda sin lenguaje una vez la imaginación es excluida como posible fuente de conocimiento. Pues, como decíamos antes, únicamente por medio de imágenes imposibles —o si se prefiere, increíbles— la alteridad se hace de algún modo presente en el mundo. A través del imaginario religioso, el hombre expresa el sobrecogimiento que provoca lo santo, algo tan fascinante como terrible, como decía Rudolf Otto. Lo santo o numinoso es *eso otro* que no podemos asimilar o reducir a las categorías con las que el mundo se hace previsible, en definitiva, eso esencialmente extraño. Así, lo que perdemos con el desprecio de la imaginación es la posibilidad de incorporar nuestro hallarnos expuestos a una alteridad radical, al menos porque dicha incorporación pasa por la legitimidad del imaginario religioso. Como decíamos en un apartado anterior, una cosa es saber o dar por descontado y otra caer en la cuenta. Y el caer en la cuenta va con el incorporar, literalmente, con el *hacer cuerpo*. No todos o no siempre caemos en la cuenta de lo que damos por descontado. Así, como también decíamos, todos sabemos que vamos a morir. Pero únicamente cuando el médico nos dice que nos quedan unos pocos meses de vida, caemos en la cuenta de que vamos a morir. Cuanto damos por descontado es lo que dejamos de tener presente, aunque en realidad esté ahí. Pues tener presente es tener en cuenta, y nadie tiene en cuenta lo que da por descontado. Lo que damos por descontado —lo obvio— es lo que puede ser obviado. Y quizá mejor que sea así en algunos casos, al menos porque no hay un caer en la cuenta que no haga tambalear nuestra existencia.

El *homo religiosus*, sin embargo, lo tenía más fácil, al menos porque antiguamente era posible tomarse en serio las inverosímiles imágenes de la alteridad. El *homo religiosus* podía perfectamente creer, pongamos por caso, que nacemos incubando un *alien*, el cual, tarde o temprano, terminará desgarrando nuestras entrañas. De este modo, el *homo religiosus* podía experimentar a flor de piel que vivimos dentro de un plazo y no solo darlo por hecho. Es como vivir atados a un cinturón de explosivos: que no podemos tomárnoslo como un modo de hablar. Si pudiéramos aún creer en la existencia de un *alien* interior, nuestra relación con la muerte sería, sin duda, otra. La validez del imaginario religioso en la Antigüedad hacía viable que pudiéramos incorporar nuestro estar expuestos al enteramente otro. En este sentido, es más fácil creer, por ejemplo, que nuestros hijos son un regalo de Dios donde podemos tomarnos en serio la imagen de un padre espectral que donde tan solo cabe creer que nuestros hijos nos han sido dados como milagro desde el horizonte de la nada de Dios, de su desaparición, en el presente, como dios.

Ciertamente, esto último está más cerca de la vivencia mística que de la cosificación de Dios que, tarde o temprano, implican las imágenes antropomórficas de Dios. Y es que no podemos evitar destruir cuanto llegamos a incorporar. Pero podríamos preguntarnos si acaso dicha vivencia, en tanto que se expresa sin la mediación de las imágenes, aún es capaz de mantenerse a flor de piel en el día a día. En cualquier caso, una vez el imaginario religioso ha perdido su antigua legitimidad, el sujeto moderno difícilmente podrá experimentar en carne viva la extrema alteridad de Dios, salvo en casos excepcionales, los cuales por lo común tienen que ver con la tragedia. Esto es, difícilmente podrá, como decíamos, *hacerla cuerpo*, aunque sea en cierta medida y no sin riesgo de cosificarla. Por consiguiente, el sujeto moderno únicamente será capaz de pensar la alteridad radical como eso que ha sido dejado atrás en su trato con el mundo, como aquello dado por supuesto y, por eso mismo, en modo alguno presente, salvo como una alteridad en falta. En este sentido, no es anecdótico que Max Weber sostuviera que nuestra moderna dificultad con el imaginario religioso proceda del furor iconoclasta del monoteísmo bíblico. Llegados a este punto, algunos quizá dirán que la experiencia de la realidad de Dios aún es posible como vivencia interior. Sin embargo, si la realidad de Dios únicamente puede ser experimentada como la de ese amigo invisible al que recurren los niños solitarios, uno siempre podrá preguntarse hasta qué punto esa divinidad interior es en verdad la de un Dios extraño, la de alguien en verdad otro y, por consiguiente, la de ese resto que no cabe interiorizar hasta el final. Tal y como dijo Agustín, el *interior intimo meo* va con el *superior summo meo*. Y esa superioridad o es justificable como exterioridad, o difícilmente podrá resistir los zarpazos de la sospecha moderna.

19 INCORPORACIÓN E IDOLATRÍA

Sin duda, el riesgo de tomarse en serio el imaginario religioso
es el de caer en la idolatría. Al fin y al cabo, la idolatría consiste en tomar la representación de lo santo por la realidad de
lo santo. Quien interioriza a Dios por medio de sus imágenes
—quien se lo hace suyo— difícilmente puede evitar cosificar-
lo. Sin duda, un fantasma, de haberlo, puede pasar por algo o
alguien enteramente otro. De hecho, quizá se trate de la mejor imagen de la alteridad. Pues su extrañeza es indiscutible.
No es casual que las películas de fantasmas sigan dándonos
miedo. Pero, estrictamente, el fantasma no deja de ser una
imagen. Que nos parezca realmente otro tiene que ver, como
dijimos, con que aún no nos hemos acostumbrado a su presencia, aunque, por eso mismo, pueda funcionar como *re-*
presentación de la alteridad. En tanto que el fantasma es,
sobre el papel, un ente de otro mundo, en modo alguno
puede aparecer como radicalmente otro. En cualquier caso,
se hace presente como si lo fuera. Nada que pertenezca a un
mundo —nada que sea concebible como ente— puede ser
en verdad trascendente. Como decía Bonhoeffer, «un Dios
que existe, no existe» (aunque quizá deberíamos decir que,
en tanto que arrancado de su imagen, solo Dios *ex-siste*…
como también el hombre). El absolutamente otro no puede
aparecer. En realidad, es lo que desparece en su aparecer.

Ahora bien, algo semejante defendieron también los
profetas cuando insistieron en que Dios como tal carece de
imagen. Dado que, desde la óptica del monoteísmo bíblico,
Dios es un yo absoluto, aquel que, tras la caída, tiene pendiente precisamente su quién, la extrema trascendencia de
Dios se ubica, por decirlo así, más allá de cualquier mundo,

incluso del sobrenatural. En los cielos, Dios sigue siendo un misterio. Como suele decir Eberhard Jüngel, Dios en el mundo —en cualquier mundo— se da en *adviento*.

En este sentido, no debería sorprendernos que el primer paso hacia un mundo desencantado lo diera la crítica profética a la idolatría. En tanto que implica una reducción de Dios a la medida del hombre, la idolatría es, para el profeta, un extravío espiritual. Por poco que salgamos de nuestro limitado punto de vista nos daremos cuenta de que no somos nada o, mejor dicho, nadie, apenas una mota de polvo en medio de un cosmos inerte, pero una mota que, equivocadamente, cree que todo gira a su alrededor. La conciencia de que estamos en falso ante Dios, sobre todo donde damos fácilmente por descontado que nos tiene en cuenta, debería ser el punto de partida de cualquier experiencia de Dios. Tan solo desde este *principia* podemos caer en la cuenta —y no sin estupor— de lo que implica que un Dios pueda querer algo del hombre. La pretensión de que Dios habite en los pliegues del corazón humano de tal modo que podamos dirigirnos a Él como quien dialoga con el amigo invisible de la infancia tiene mucho de vana y algo de ridícula. En cualquier caso, lo que habita en dichos pliegues es la huella de un Dios en falta y, por extensión, la llamada que se desprende de su ausencia. Nos equivocamos donde creemos que estamos ante Dios, pero donde tan solo estamos ante una imagen aceptable de Dios. En este sentido, no es anecdótico que, cristianamente hablando, la única imagen de Dios sea la de aquel que pende de una cruz, una imagen inadmisible para quien posea una mínima sensibilidad religiosa. Las imágenes del *homo religiosus* apuntan, ciertamente, al exceso de Dios. Pero porque representan a Dios no son

Dios. Una imagen aceptable de Dios muestra a Dios en la misma medida que lo falsifica. Dios se oculta en su hacerse presente como imagen. Pues lo invisible es, por definición, lo que en modo alguno puede ser visto, lo que no se muestra en relación con una receptividad. Dios en verdad se da como el que se perdió de vista una vez el hombre quiso valerse por sí mismo —una vez el hombre pretendió ser como Dios. La crítica profética al falso dios se dirige, en última instancia, a nuestra tendencia a poner a Dios de nuestro lado, a suplir el vacío de Dios con aquellas imágenes por medio de las cuales creemos poder negociar con Dios.

Como acabamos de decir, cristianamente, la única imagen de Dios es la de aquel que fue crucificado como un despojo de Dios, una imagen que, sin embargo, no representa a Dios, sino que se revela propiamente como el quién de Dios. Pues en la cruz, Dios se reconcilia con su imagen primordial y, por eso mismo, llega a ser el que es. Jesús es el quién de Dios solo porque Dios se reconoce en él. Cristianamente, Dios no es sin el hombre. O, por decirlo a la dogmática, Jesús es el modo de ser de Dios, no el que ejemplifica el modo de ser de un dios que permanecería inalterable en las alturas. El Crucificado responde a la pregunta bíblica por la identidad de Dios. Y esto se halla muy cerca del oxímoron. No es casual que los primeros cristianos fueran tildados inicialmente de ateos. El Dios cristiano no es en modo alguno homologable a la divinidad del *homo religiosus*. De hecho, se trata de un Dios que, aquellos que poseen una sensibilidad típicamente religiosa, no pueden tolerar como dios.

Con todo, el profeta, en su crítica al falso dios, nunca prescindió del nombre de Dios. Al contrario, su crítica fue pronunciada en nombre de un Dios que no aparece como un dios entre otros. Tan solo porque Dios desaparece como dios puede darse como Dios, esto es, como aquel al que nos encontramos sujetos *en cuerpo y alma*, aquel cuyo insoslayable mandato se desprende de su extrema trascendencia. La Modernidad, en cambio, no sabe qué hacer con el nombre de Dios. De hecho, el problema de la Modernidad, como hemos visto, es la alteridad en cuanto tal. El sujeto moderno, en tanto que sujeto precisamente al horizonte de la sospecha, no se enfrenta de entrada al exceso del *summum ens*, sino a la representación o idea de dicho exceso, lo cual conduce a una comprensión de sí incompatible con la de quien primariamente se encuentra expuesto a la invisibilidad del enteramente otro. La Modernidad, conviene insistir, tira al niño de la alteridad radical con el agua sucia de la superstición. De ahí que la crítica que nace del espíritu de la sospecha, a pesar de su aparente validez, impida que podamos de algún modo incorporar la alteridad de Dios. Y donde no cabe culturalmente incorporarla resulta difícil, por no decir inviable, desmentirla proféticamente.

El profetismo necesita de la idolatría religiosa como el suelo en el que apoyarse. Y es que únicamente revelando el carácter falsificador de las imágenes de Dios cabe interiorizar la extrema alteridad de Dios como la de un Dios en falta. Ahora bien, tan solo podemos desprendernos de aquellas imágenes ante las que inicialmente nos doblegamos, pero no de aquellas que culturalmente ya no podemos tomarnos en serio. De ahí que, del mismo modo que no hay espíritu sin materia —del mismo modo que el hombre no puede distanciarse de sí mismo sin un cuerpo con respecto al cual tomar distancia—, la extraña verdad del Dios cristiano difícilmente sobrevivirá si no es posible contrastarla con la falsificación que supone la devoción religiosa. El cristianismo difiere de la religión como el yo difiere de sí mismo. La religión es la materia de la que emerge el espíritu del cristianismo. Por eso, ante la insignificancia moderna del *megaángel de la guarda* que para muchos fue Dios —ante la imposibilidad de que el cristianismo pueda afirmarse hoy en día contra una religión desprestigiada—, el cristianismo solo podrá actualmente obtener su legitimidad epistemológica frente a la divinidad oceánica que ha ocupado el lugar del viejo Dios del teísmo.

20 CRISTIANISMO Y PLURALISMO RELIGIOSO

Es un tópico de nuestros días creer que el cristianismo es una religión entre otras. Sin duda, este tópico tiene mucho de razonable, sobre todo porque no se opone a nuestro prejuicio relativista, por no hablar de su sinergia con la tolerancia democrática. La idea de fondo es simple: Dios siempre se encuentra más allá de nuestras representaciones, culturalmente determinadas, de Dios. En este sentido, sería algo así como esa montaña que no cabe coronar, pero que podemos abordar desde diferentes vías. Las religiones no dejan de ser, desde esta óptica, perspectivas de la divinidad. El cristianismo no puede pretender el monopolio de la verdad de Dios. De ahí que Jesús haya pasado a ser, incluso para muchos cristianos, un avatar de Dios… junto a otros. Sin embargo, quizá los teólogos cristianos que defienden esto último, entre los cuales estarían Roger Haight o John Hick, no se den cuenta de que el difícilmente podrán seguir confesando que Jesús es el quién de Dios. A lo sumo podrán decir que Jesús ejemplifica o encarna la esencia de Dios al igual que, en Platón, un cuerpo bello representa una belleza en sí misma trascendente. Es posible que a ellos les dé un poco igual. Pues quizá su punto de partida sigue siendo la divinidad religiosa. Pero lo cierto es que desde una óptica cristiana, acaso convenga insistir en ello, la esencia o el modo de ser de Dios no está determinado con anterioridad a su encarnación. O mejor dicho, tras la expulsión del Edén, el hombre deviene el símbolo de Dios, aquel cuya existencia apunta a la realidad de un Dios trascendente hasta la ausencia. Pero del mismo modo que Dios deviene el símbolo del hombre en tanto que Dios existe como el que se dirige a aquel sin el cual no llega a ser el que es —y esto es lo que el *homo religiosus* no admite con facilidad. La existencia es de por sí simbólica, pues la existencia, por defecto, remite a la parte que falta —al otro como tal. Y es en este sentido que decimos que únicamente existen Dios y el hombre. Una foca no es, existe. De ahí que existencia y tiempo vayan de la mano. Hay tiempo —nada termina de ser— porque fuimos separados del que es. Para Israel, nada es en el mundo, mientras Dios siga siendo el Dios que el mundo tiene pendiente. Dios, tras la caída, solo puede acontecer en su identificación con el hombre y, por eso mismo, en el centro de la Historia. Únicamente en relación con la crisis de identidad de Dios cabe proclamar que Jesús es aquel en quien Dios se reconoce. Dios no es aún nadie antes de su reconocerse en el Crucificado. Dios es —tiene lugar o acontece— en el Gólgota. Sencillamente, Dios no llega a ser el que es sin el Crucificado, aunque del mismo modo que Jesús no consuma su humanidad hasta que no se abandona a un Dios malherido por el orgullo del hombre (y que, por eso mismo, va a por el hombre con su clamar por el hombre). Y esto no hace buenas migas con la idea de que Dios se encuentra en su cima a la espera del ascenso espiritual del hombre. Cristianismo y religión no terminan de congeniar, al menos en tanto que el Dios de la religión es, por defecto, ahistórico.

El cristianismo, por tanto, sería una religión entre otras si Dios fuera algo así como un paisaje que cabe contemplar desde diferentes puntos de vista. O por decirlo con otras palabras, si Dios pudiera ser comprendido como el denominador común de las diferentes religiones. La metáfora del paisaje es, sin duda, eficaz. Y de algún modo encaja con lo que hemos ido diciendo a lo largo de estas páginas. Pues un paisaje, aun cuando pueda ser visto desde diferentes ópticas, siempre permanece como tal más allá. Y no solo porque las visiones sean, en tanto que relativas a una situación, parciales o incompletas, sino porque el paisaje en sí mismo, esto es, al margen de su hacerse presente a una sensibilidad, en absoluto admite una visión. En este sentido, podríamos decir del paisaje lo que dijimos de Dios: que no hay paisaje con independencia de su *aparición* —de su mostrarse a un sujeto. Del paisaje en sí mismo no hay nada que ver. Pero lo cierto es que si vemos el paisaje es porque *hay* paisaje, aunque siempre en el modo de una sustracción. Sin embargo, para el monoteísmo bíblico, Dios no es un propiamente un paisaje —o como si fuera un paisaje. Y no porque no admita una visión, ni siquiera fragmentaria, sino porque no es un algo, sino un alguien que, tras la caída, fue en busca de su quién. De Dios, con anterioridad al Gólgota, tan solo escuchamos una voz, a saber, la voz de un Yo que clamaba por el hombre... debido a su carácter absoluto, literalmente a su haber sido separado de su imagen originaria. Una voz cuyo eco, no obstante, tan solo logra alcanzarnos a través del clamor de los excluidos a causa de nuestra impiedad.

No estamos, pues, ante una mera perspectiva. El carácter personal de Dios no es un modo de hablar, la personificación de un poder anónimo, ni siquiera donde presuponemos que se trata del poder del espíritu. Dios, bíblicamente hablando, no es un océano. No puede serlo. A menos que estemos dispuestos a renunciar a la distinción mosaica entre Dios en verdad y el falso dios. Y es que Dios en verdad no es el dios en el que *podemos* creer (un océano es demasiado creíble, por decirlo así, como para que pueda valer como Dios). No es casual que Dios en verdad solo pueda sernos revelado. La revelación propiamente no es una iluminación. Pues la revelación, a diferencia de la iluminación, solo es posible por la iniciativa de Dios. Cristianamente, es Dios quien toma la iniciativa. Aun cuando dicha iniciativa no sea la de un dios interventor —no puede serlo—, sino la de aquel que invoca al hombre desde un más allá absoluto, estrictamente, desde un pasado inmemorial (aunque cristianamente sea desde el centro de la historia, ese futuro anticipado en el que Dios no tiene otro rostro que el de un crucificado). No es el hombre quien, por medio de su esfuerzo intelectual o ascético, llega a caer en la cuenta de quién es Dios, sino que es Dios quien se revela al hombre como aquel que cuelga de un madero. Es verdad que, hoy en día, no cabe creer espontáneamente en cuanto acabamos de decir. De ahí que la pregunta sea desde qué situación aún es posible proclamar lo anterior. Y esta situación no es, ciertamente, aquella en la que contemplamos el naufragio ajeno desde la atalaya del espectador. En cualquier caso, desde nuestro lado, honesta-

mente tan solo podemos situarnos en la posición del agnóstico. Sin duda, vivimos en medio de aguas que nos cubren,
como decía Thomas Merton. Pero no tenemos ni idea de
qué puedan estas aguas. Ni siquiera podemos asegurar que,
en lugar de saciar nuestra sed, no terminen ahogándonos.
Es lo que tienen los océanos. Nada de cuanto posea entidad
—y un océano la posee, aunque sea inabarcable— se halla
exento de ambivalencia. En cualquier caso, el agnóstico quizá pueda permanecer a la espera. Pero solo como aquel que
ignora qué pueda haber detrás de una puerta.

Con todo, lo cierto es que hoy en día fácilmente creemos
que las diferentes religiones en el fondo dicen lo mismo,
aunque sobre el papel digan cosas distintas. Este es, de hecho, nuestro tópico. Sin embargo, también podríamos afirmar que en realidad dicen cosas distintas, a pesar de que
creamos que están diciendo en el fondo lo mismo. Es obvio
que si cabe dialogar desde diferentes posiciones, es porque
partimos de un denominador común. Ahora bien, es posible
que bíblicamente tengamos que negar la mayor. Pues acaso
no estemos hablando de lo mismo —ni invocando al mismo
Dios donde lo invocamos. Dios no es Dios por abstracción.
El cristianismo, a la hora de dialogar con el resto de las religiones, no puede prescindir de la cuestión de la verdad. Pues
la verdad es la verdad de Dios. Y la verdad de Dios —su
acontecer— no se decide desde nuestro lado, sino del de
Dios. El dogma de la Encarnación acaso no pretenda decirnos otra cosa. Desde la óptica de una espiritualidad transconfesional, suele decirse que para Dios todas las religiones
valen por igual, aunque no lo valgan para el hombre. Pero,
en realidad, es al revés. Esto no supone caer en el funda-
mentalismo, aunque lo parezca. Pues la convicción creyente

es que solo Dios sabe hasta qué punto creemos en él. Con respecto a Dios, todos estamos en falso. Y en esto quizá haya acuerdo. Hay mucho de valioso —o, si se prefiere, de verdadero— en las religiones. Pero la cuestión es quien pronunciará la última palabra. Y lo cierto es que, de haberla, no la pronunciaremos nosotros. La religión, en tanto que se determina desde nuestro lado, no es última, sino penúltima. A Dios nunca vamos a encontrarlo donde lo buscamos. En cualquier caso, ante Dios lo decisivo sigue siendo dar de comer a quien no tiene qué comer. Es en la trinchera, no en los simposios, donde cristianos y no cristianos podemos encontrarnos.

21 A MODO DE BALANCE

Como decíamos al comienzo, donde no cabe recuperar la validez del imaginario religioso, la cuestión que se nos plantea es si todavía podemos creer en un Dios personal, si aún podemos ser honestamente cristianos. Creo que cabe responder afirmativamente, aunque no desde cualquier situación. Incluso me atrevería a decir que solo en la época en la que Dios no se da por descontado podemos ser honestamente cristianos. Sin embargo, la posibilidad de que podamos dar razón de lo que cristianamente confesamos pasa por entender qué supuso la irrupción del monoteísmo en la Antigüedad pagana con respecto a una experiencia natural de la divinidad. Tan solo desde el monoteísmo bíblico podemos caer en la cuenta del alcance de un kerigma que reconoce a Jesús como el quién de Dios. En cualquier caso y como acabamos de decir, difícilmente comprenderemos el carácter disruptivo del kerigma si no lo dirigimos contra la deriva posmoderna del cristianismo hacia los territorios de una espiritualidad de corte aconfesional, la cual vendría a ser algo así como el sustituto natural de las devociones de antaño, aunque ello no excluya, por supuesto, dirigirlo también contra los restos de la cristiandad que aún permanecen humeantes entre nosotros.

No cabe por tanto una restauración del cristianismo como si tan solo fuera cuestión de recuperar viejos hábitos y creencias. Pues en el caso de que volviéramos a creer en lo que creímos, tal y como lo creímos, entonces no volveríamos a creer, sino que caeríamos de nuevo en la increencia religiosa, por decirlo así. Con respecto a esto último, resulta elocuente uno de los fragmentos más citados de Bonhoeffer, extraído de una de las cartas que le envió a su amigo Eberhard Bethge desde la prisión. Dice Bonhoeffer:

> a las distintas salidas de emergencia que conducen fuera de este espacio que tanto se ha angostado, cabría añadir aún el salto mortal para volver a la Edad Media. Pero el principio de la Edad Media es la heteronomía en forma de clericalismo. El retorno a este sistema solo puede ser un acto de desesperación que únicamente puede lograrse a costa de sacrificar la honestidad intelectual. Y nosotros no podemos ser honestos sin reconocer que hemos de vivir en el mundo *etsi deus non daretur*. Y esto es precisamente lo que reconocemos… ¡ante Dios!; es el mismo Dios quien nos obliga a dicho reconocimiento […] ¡El Dios que está con nosotros es el Dios que nos abandona (Mc 15,34)!

El diagnóstico es indiscutible para quien sea mínimamente sensible a los tiempos actuales. No obstante, podríamos añadir que este «vivir en el mundo *etsi deus non daretur*» no es tanto una exigencia de los tiempos modernos, aunque estos tiempos, sin duda, la hagan culturalmente patente, como de la irrupción del Dios bíblico. Así, la posibilidad de la fe hoy en día pasa *hoy en día como antiguamente* por la revelación de un Dios que, de entrada, responde al clamor del hombre con su silencio, un Dios no homologable, como decíamos, a la divinidad religiosa o pagana. En último término, la posibilidad de la fe arraiga en la proclamación de Dios como Dios crucificado, un Dios, al fin y al cabo, que depende del *fiat* del hombre para ser definitivamente Dios. Tan solo la revelación de Dios, una revelación en la que Dios se oculta, precisamente, como dios, quiebra tanto las certidumbres del *homo religiosus* como las del espectador omnisciente que contempla el mundo desde la grada escéptica. Como si el desamparo fuera el estigma de nuestra condición, estigma que en modo alguno cabe eliminar desde nosotros mismos, ni siquiera donde intentamos ascender a las cimas más altas. Esta es, cuando menos, la convicción bíblica. No obstante, de esta hablaremos con más detalle en un próximo libro.

III

UNOS CUANTOS PECIOS
A MODO DE EPÍLOGO

I SINSENTIDO Y VALOR

LA PREGUNTA NO ES si la existencia posee un sentido, sino si, en el caso de poseerlo, puede ser para nosotros. Un sentido es un encaje. Las piezas de un rompecabezas, decimos, no tienen sentido hasta que no se ajustan unas con otras según el modelo que representan. Así, supongamos que, efectivamente, hubiera un sentido, que la vida poseyera una finalidad. Por ejemplo, la de purgar nuestras almas hasta hacerlas capaces de una dicha eterna en otra dimensión. Como si el mundo fuera una especie de útero cósmico. ¿Habríamos dado con la respuesta a nuestra gran pregunta? No sé hasta qué punto... Pues, una vez alcanzáramos la paz de los ángeles, no tardaríamos en preguntanos si acaso eso es todo. ¿No volveríamos a sentirnos, una vez más, desplazados? ¿Acaso no vivimos de nuestras preguntas sin respuesta? Y es que en el caso de que el yo sobreviviera a la muerte como una especie de *pneuma somatikon* —y si no fuera así, dicha supervivencia no nos incumbe—, seguiría habiendo tiempo, cuando menos porque el yo nunca termina de encontrarse a sí mismo en donde está. El presente no basta. Esto es, el todo no lo es todo para quien es capaz de verse a sí mismo como otro. De ahí que aunque haya un sentido, no puede haberlo para el hombre.

Sin embargo, ¿tenemos que darle la razón al nihilista? ¿Hay salida para la conciencia insatisfecha? Me atrevería a decir que sí. Aun cuando no sea la que imaginamos en un principio. Pues quizá porque no hay sentido, cualquier presente, salvo el catastrófico, se carga de valor. Desde la posibilidad de la nada, la sonrisa de un niño, el respirar del cuerpo de la mujer que tienes ante ti, la mirada de quien te busca..., poseen el aura del milagro. Ni siquiera el horror puede desmentir la verdad de la excepción. Aunque nos obligue a clamar por la redención. O puede que por eso mismo.

2   DE LO SAGRADO Y LO PROFANO

Hoy en día, somos del parecer de que no hay nada sagrado, sino en cualquier caso ciertas cosas a las que les damos un valor. Como si fueran sagradas. Sin embargo, supongamos que unos padres deciden conservar el balón con el que jugaba su hijo antes de sufrir un accidente mortal. Ese balón es, sin duda, más que un balón. Podríamos decir que posee el aura de lo sagrado, esto es, de lo intocable, de cuanto se sustrae al uso. Incluso donde el balón se deshinchara, mejor dicho, donde ya no pudiera servir para jugar con él, ese balón seguiría siendo sagrado. El destino de lo útil es el contenedor. No así el de lo que se nos revela como sagrado. De hecho, lo sagrado es lo que debemos preservar de la erosión que va con el uso. Nos equivocamos si creemos que los padres proyectan un valor sobre lo que, en sí mismo, carece de valor. Ciertamente, solo ellos podrán ver el valor que posee ese balón. Pero esto no significa que se trate solo de una proyección. Si así fuera, en el caso de que lo perdieran, podrían perfectamente sustituirlo por otro… y seguir proyectando el valor que proyectaron sobre el primero. Pero esto es, de hecho, lo que en modo alguno podrían hacer. La pérdida sería irreparable. Por tanto, el que no seamos capaces de ver lo sagrado no significa que en realidad no haya nada que sea, como tal, sagrado o intocable. Quizá simplemente nos hayamos vuelto, como devoradores de cuanto nos rodea, incapaces de reconocerlo.

3 AMOR PLATÓNICO

Por amor platónico suele entenderse aquel amor cuyo objeto, sea hombre o mujer, es inalcanzable. De tan perfecto, acaso podemos fantasear con ese amor, pero de ningún modo realizarlo. Aquel a quien amamos a la platónica se encuentra más allá de lo tangible. En última instancia, no deja de ser un espectro. Incluso, si se nos pusiera a tiro, lo más probable es que no supiéramos cómo reaccionar. En este sentido, el amor platónico es un amor imposible y, por eso mismo, el único amor *verdadero*. Al menos, desde la óptica de un platonismo popular. El amor de Romeo y Julieta es eterno… porque murieron antes de tiempo. Para Platón, como sabemos, tan solo lo ideal es en realidad. La concreción siempre tiene algo de degradante. No nos imaginamos a Romeo y Julieta pasando la tarde del domingo abducidos frente a un televisor. O a Romeo criando la típica barriga cervecera. O a Julieta con rulos mientras amamanta a un crío que no para de llorar. El tiempo es un destructor implacable. Los príncipes y las princesas también sudan (y por eso mismo terminan oliendo mal). La pregunta es si Platón está en lo cierto. Pues, desde otro punto de vista, podríamos decir que el amor platónico no deja de ser una ficción.

Ciertamente, el ideal es lo que debe ser. Pero un ideal es, como tal, irrealizable. Mejor dicho, el amor verdadero —el amor ideal— solo puede realizarse dejando de ser verdadero, por decirlo así. El ideal siempre da un paso atrás donde se hace cuerpo, donde literalmente se incorpora. Aunque, quizá por eso mismo, siga siendo la norma de lo sensible. En cualquier caso, un amor que no se concretara en modo alguno *sería* amor. Tan solo es lo que se hace presente. Y nada se hace presente sin dejar de ser lo que debiera. De ahí que quizá haya verdad. Pero no para nosotros. Para nosotros lo verdadero pasa por abrazar la *falsedad* del cuerpo, su imperfección, su indigencia… con la intención de rescatar los restos de belleza o, mejor dicho, de bondad que puedan sobrevivir a la encarnación de la belleza o la bondad. Acaso el cristiano se encuentre más cerca del centro de gravedad de la existencia que Platón, a pesar de los coqueteos de la cristiandad con el platonismo medio. Pues el creyente no es propiamente aquel que supone que hay Dios como podamos suponer que hay gnomos en la cara oculta de la Luna, sino aquel que abraza los restos de Dios en un cuerpo crucificado.

4 DESDE LA ÓPTICA DE LA REDENCIÓN

Nos seduce la belleza del otro, su lado amable. Sin embargo, como los consumidores que al fin y al cabo somos, no estamos dispuestos a cargar con las piedras que lleva en su mochila.

Ahí fácilmente sentimos la tentación de devolver el producto defectuoso. Ahora bien, en la mayoría de los casos, nos equivocaríamos si lo hiciéramos. Pues no hay luz sin sombra. Es cierto que el lado luminoso suele quedar anegado por el que nos disgusta (y a veces severamente). Pero de actuar como si el otro solo estuviera al servicio de nuestra satisfacción, seguiríamos siendo ese niño que monta un pollo cuando descubre que el *croissant* no tenía suficiente chocolate. Y, como sabemos, un niño no sale de su círculo: de oca a oca y tiro porque me toca. Nada realmente nuevo, salvo el simulacro de la novedad. Tampoco se trata de sacrificarse por sacrificarse, ni tampoco de separar la plata de la ganga, pues esto último no es posible en lo relativo a los asuntos humanos. Se trata de rescatar la bondad que nos sedujo inicialmente de la oscuridad que ambiciona cubrir todo cuanto nos ha sido dado. Aunque ello comporte una renuncia o un sacrificio (y a veces un duro sacrificio).

Quizá nos iría mejor si supiéramos ver el mundo desde la óptica de la redención. Como si estuviéramos en medio de un combate entre las fuerzas de la mansedumbre y el hedor de la descomposición. La promesa de una belleza inmaculada no deja de ser vana. En realidad, conduce a la muerte, a la gama de grises de una vida resignada, en el peor sentido de la palabra. Todos de hecho andamos cojeando. Puede que, por eso mismo, estemos abocados al deber de *resucitar a los muertos*. Aunque no lo consigamos sin ponernos en manos del muerto, como quien dice. Al fin y al cabo, tan solo nos tenemos los unos a los otros. De ahí que no haya otra vida que la de los amantes que sobreviven al desguace. Pues lo digno de ser amado —lo literalmente amable— acaso no sea tanto la belleza como la tara.

5   EL CREYENTE COMO AMANTE

Un creyente es aquel que ha experimentado lo extraordinario. Y lo ha experimentado bajo el silencio de Dios, esto es, en un estado de excepción. Ahora bien, lo extraordinario es, literalmente, *extra-ordinario*. La cuestión es si lo extraordinario constituye la medida de lo ordinario o, simplemente, una anomalía, la excepción que confirma la regla. Ciertamente, en el mundo prevalece lo ordinario, la ambigüedad de cuanto nos traemos entre manos. El tiempo ordinario es, en definitiva, el tiempo de lo profano. En el día a día sufrimos inevitablemente la erosión de lo que, en aquellos momentos en los que nos hallábamos *fuera del mundo*, se nos reveló como verdadero. Pero que de hecho terminemos cayendo en el gris, no nos obliga a concluir que lo extraordinario haya sido una ilusión. Puede que en realidad sea un síntoma, un indicio, una señal. Extraordinario es, por ejemplo, el encuentro de los amantes. Aquí hay verdad. En su abrazo algo tiene lugar y no tan solo sucede o pasa. Y lo que tiene lugar es algo radicalmente nuevo. O, por decirlo con otras palabras, donde se encuentran los amantes, y no únicamente donde experimentan un chute hormonal, el otro aparece como *el inalcanzable que nos alcanza*. Nada tiene lugar —nada acontece— donde permanecemos encerrados junto a las máscaras que inspiran nuestro deseo o temor, las que ocultan, precisamente, la mirada que nos conmueve desde su eterno diferir de ese cuerpo con el que, por otro lado, se identifica. Siempre nos encontramos con el indigente que habita por debajo de las máscaras.

De ahí que, una vez el otro acontece como el que quiebra los muros que nos protegen de su irrupción, creamos espontáneamente que ese acontecimiento posee el sello de lo eterno. Tiene que haber un mundo verdadero *por encima* del que habitamos… porque, sencillamente, hemos estado ahí. El ámbito de lo profano no puede ofrecer nada último. Sin duda, no hay estado de excepción, nada realmente extraordinario que, en la vida que nos ha tocado en suerte, no termine resolviéndose como oficio. Pero una cosa no quita la otra. Sin embargo, hoy en día no parece que podamos creer legítimamente en otra realidad que no sea la que cabe desechar. No es *correcto* creer que la haya. Pero podría ser que la corrección nos impidiera franquear la puerta. Y, ciertamente, quien no se ha encontrado nunca con nadie, fácilmente dirá que no hay en verdad otro, sino, en cualquier caso, imágenes del otro. Sin embargo, se equivoca. Pues haberlo, haylo.

6 DIOS COMO AMOR

Como es sabido, el cristianismo proclama que *Dios es amor* (1Jn 4,8). Ahora bien, esto no es lo mismo que decir que el amor es divino, aunque sea esto lo que muchos cristianos de hoy en día tienen en la cabeza, debido precisamente a nuestra contemporánea dificultad para admitir un Dios personal. Sin embargo, si Dios no fuera mucho más que la energía positiva del amor, seguiríamos estando solos. O Dios es un quién, o no hay Dios que valga. Aun cuando se trate de un quién que no termina de ser al margen de su reconocerse en el hombre. El creyente se encuentra esencialmente referido a un Tú. El problema es que, cuando hablamos del quién de Dios, seguimos imaginándolo como un ente del más allá. Como si no hubiera habido cruz. La audacia cristiana consiste en proclamar que hay Dios, pero que su modo de ser no tiene lugar al margen del *fiat* de aquel que murió como un apestado de Dios —es decir, como si no hubiera Dios. Dios es amor porque Dios acontece en el abrazo entre el Padre y el Hijo, los cuales no terminan de ser con anterioridad a su reconciliación. Aunque religiosamente supongamos lo contrario. Cristianamente hablando, vivimos bajo el amor de Dios solo porque Dios nos perdona con el perdón de un crucificado en su nombre. Pues amar es perdonar. Y esto es lo asombroso: que no estamos solos (y no porque haya extraterrestres por ahí). Tan asombroso que cuesta creer. Con todo, el absolutamente otro seguirá siendo un fantasma mientras no acojamos, desde nuestro desamparo, su debilidad o impotencia. De ahí que nos preguntemos quién será capaz de Dios. En realidad, es posible que «cuando el Hijo del Hombre regrese no halle a nadie con fe» (Lc 18,8).

7   EN ABSOLUTO

Dios es en absoluto. O también, en absoluto es. Aquí la ambivalencia de la expresión no es casual. Pues lo absoluto es, por definición, lo que se encuentra enajenado de lo sensible, pero no al modo de un ente incorpóreo, sino como lo que no termina de ser y, por eso mismo, no es. Dios existe como también el hombre. Literalmente, ambos andan a medias, esto es, como arrancados, al menos mientras el hombre no abrace la impotencia de Dios, lo cual solo podrá acontecer sin Dios mediante. Como reza un dicho talmúdico, «si crees en mí, yo soy; si no crees, no soy». Y creer, aquí, no es un mero suponer. El hombre depende de Dios, aunque lo ignore. Pero, al igual que Dios, pende del hilo de la respuesta del hombre a su clamar por el hombre.

8   SIMONE WEIL Y LA MÍSTICA

Simone Weil le escribió al dominico J. M. Perrin en mayo de 1942 sobre su experiencia en Asís durante el 1937: «Allí, en aquella incomparable pureza, algo más fuerte que yo me obligó, por primera vez en mi vida, a ponerme de rodillas.» ¿Hablaba de Dios? Al menos en ese momento, ella no creyó que esa experiencia tuviera que ver con Dios. ¿Hablaba de Dios sin saberlo? Quizá. Pero ¿de qué Dios? ¿El que nos abraza? Aparentemente. Pero el océano que nos fascina por su inmensidad —aquel en cuyas playas podemos hallar un cierto reposo— también puede ahogarnos. Los dioses, por lo común, poseen una doble faz (y esto tiene que ver con su naturaleza intratable: no hay por dónde cogerlos). En la mitología romana, Jano fue, como es sabido, el paradigma del carácter ambivalente de cuanto nos supera. Tampoco es casual, pues Jano es la divinidad de los comienzos y no hay comienzos que sean puros. En cualquier caso, como hombres y mujeres de carne y hueso necesitamos reducir esa ambivalencia: necesitamos decirnos —y de ahí la *predicación*— que cuanto se nos aparece de un determinado modo *es* de ese modo (y no de otro). Con el presente de indicativo no dejamos de juzgar, literalmente. Como si en el lenguaje estuviera en juego la *absolución* de lo que nos sucede. En lo más profundo, sentimos nostalgia de lo absoluto. De ello no se desprende que en cuanto podamos experimentar haya algo absoluto.

Estrictamente, lo absoluto se da en pretérito (y, quizá por eso mismo, como un eterno porvenir). En el presente, todo se encuentra corroído por una insuperable ambigüedad. De ahí que bíblicamente la solidez de cuanto nos traemos entre manos se decidirá en el futuro de Dios —un futuro que, por eso mismo, no se resuelve desde nuestro lado. Mientras tanto, nos hallamos, como quien dice, en medio de un combate de dimensiones cósmicas por la supremacía (aun cuando cristianamente creamos que ya se ha pronunciado la última palabra). Sencillamente, nuestro estar en el mundo se encuentra *sub iudice*. Para entender lo que acabamos de decir, hay que imaginarse a Simone Weil diciéndose a sí misma, al cabo de unos años, que acaso no había para tanto. Que podría haber permanecido de pie como el caminante que, en el cuadro de Caspar David Friedrich, contempla esa naturaleza cubierta por un mar de nubes desde la cima que coronó. Ahora bien, esto no tiene por qué desmentir la experiencia original. Puede que simplemente nos viéramos obligados a admitir que nadie está a la altura de la verdad que, en un momento dado, es capaz de reconocer (o sufrir). Decía Hegel que, con el paso del tiempo, incluso la verdad termina siendo otra cosa. Sin embargo, puede que esto tenga que ver antes con nosotros que con la verdad.

9   UN CRISTIANISMO ATEO

¿Hay Dios? Hay algo más. Que sea divino, ya es otro asunto. Pecaríamos de ingenuidad, y acaso también de soberbia, si creyéramos que todo cuanto pueda haber tiene que encajar en los moldes de nuestra receptividad. Como vimos, un ácaro se equivocaría si creyera que no hay más que polvo. Podemos dar por sentado que hay trascendencia o, si se prefiere, una dimensión desconocida. Sin embargo, este más allá no tiene por qué jugar a nuestro favor. Esto es cuanto podemos decir desde nuestro lado. Por medio de la razón, somos capaces de reconocer que existimos en la falta del absolutamente otro. La alteridad es lo que perdimos de vista una vez fuimos arrojados al mundo. En nuestros términos, Dios es lo que los mundos tienen pendiente. Vivimos como arrancados. Desde nuestro lado, no hay respuesta a las grandes preguntas. En este sentido, cabe una lectura atea del episodio de la cruz. Así, en lugar de Dios, tendríamos un abandonado de Dios. La cruz del hombre de Dios, al margen de la resurrección, confirmaría que Dios, a lo sumo, se nos ofrece como el que se encuentra eternamente a faltar —como el que no es o no termina de ser en tanto que no se hace presente. Incluso, donde la resurrección se entiende como la intervención *ex machina* de Dios, seguiríamos sin Dios. Pues no hay diferencia entre el interventor espectral y un marciano. De hecho, nunca la hubo.

10 *ET RESURREXIT*

Como dijera Pablo, «si Cristo no ha resucitado, vana es nuestra fe» (1Co 15,14). Y esto es así. Cristianamente, no tiene sentido hablar de la iniciativa de Dios si no cabe proclamar que Dios rescató al Crucificado del *sheol*. De lo contrario, no vamos más allá de una interpretación del significado de la cruz. Y una interpretación siempre se decide desde nuestro lado. La revelación no es una lectura arriesgada del acontecimiento del Gólgota, sino el caer en la cuenta de la acción de Dios, aun cuando esta no se comprenda, cristianamente, como la de un *deus ex machina*, sino como la de aquel que reclama el abrazo del hombre para llegar a ser el que es y, en última instancia, como la del poder que emana del espíritu de Dios, ese resto.

Sin embargo, el problema es que hoy en día no podemos creer en el *hecho* de la resurrección. De ahí que no sea casual que nos preguntemos por el sentido último de unos relatos que ya no podemos tomarnos en serio. Como si dichos relatos pretendieran expresar, en un lenguaje que ya no nos pertenece, una verdad que debería poder traducirse a nuestros esquemas mentales. La resurrección no fue una historia de *zombis buenos* (aunque, en realidad, tampoco lo fue para los primeros cristianos). Ahora bien, si es cierto que experiencia y lenguaje van de la mano —que lo es—, no parece que sea posible una traducción. Los testigos de la resurrección no quisieron decirnos otra cosa que la que dijeron. Esto es, no pretendieron transmitirnos, pongamos por caso, que Jesús continuaba viviendo en sus corazones o que la causa de Jesús seguía en pie, solo que con un lenguaje figurativo, hoy en día inoportuno. Puede que estas actualizaciones de la fe en la resurrección sean útiles pastoralmente. Cuando menos, porque permiten que la parroquia pueda seguir diciéndose que sigue creyendo *en lo mismo*. Pero dichas actualizaciones tienen algo de deshonesto. Pues si los primeros cristianos creyeron que Jesús continuaba viviendo en sus corazones o que la causa de Jesús seguía adelante, fue porque *de hecho* Dios levantó a Jesús de entre los muertos. Ciertamente, no todos, incluso entre los seguidores de Jesús, estuvieron dispuestos a reconocerlo. La resurrección tiene algo, más bien mucho, de increíble, tanto hoy en día como antiguamente. Pero es innegable que algunos creyeron que Jesús había sido resucitado por el poder del espíritu de Dios. Quizá deberíamos preguntarnos si no andaremos desenfocados al creer que los testigos de la resurrección hicieron literatura, aunque no fuera este su propósito, cuando proclamaron que Jesús se les apareció después de muerto. Es verdad que actualmente no podemos admitir las apariciones como hechos que aún podemos tomarnos en serio igual que nos tomamos en serio que Napoleón fue derrotado en Waterloo. Desde nuestro prejuicio cultural, Jesús *no pudo* aparecerse a sus discípulos. Nosotros espontáneamente creemos que los testigos sufrieron una alucinación. O que estamos, en el mejor de los casos, ante un modo de hablar. Sin embargo, quizá tendríamos que aceptar que hubo resurrección, aun cuando ya no podamos apropiarnos de la resurrección como hecho. En cuanto tal, no es tanto un hecho del pasado como un hecho de un mundo que pasó. Jesús no resucitó como Napoleón mordió el polvo de la derrota en Waterloo.

Como dijimos a propósito de Nietzsche, no hay hechos al margen del marco cultural que nos permite verlos como tales. O por decirlo con otras palabras, no hay visión que no posea una carga teórica. Siempre vemos las cosas dentro de un contexto. De ahí que no haya hechos puros, sino, en cualquier caso, hechos cargados de un cierto significado, el cual se halla, en última instancia, determinado culturalmente. Algo sabemos —algo damos por descontado— al ver lo que vemos. Donde vemos un martillo, vemos un clavo, esto es, sabemos para qué sirve. Mientras no veamos el clavo, no vemos un martillo. Ciertamente, podemos ver algo que aún no sabemos qué es. Pero incluso en ese caso sabemos, como mínimo, que es —damos por descontado que se trata de algo ahí. De hecho, cuando topamos con algo que no terminamos de saber qué es, confirmamos implícitamente cuanto acabamos de decir. Y es que no es casual que, a la hora de determinar qué pueda ser, intentemos relacionarlo con lo que ya sabemos. La analogía es el modo por el que procuramos hacernos una idea de lo que todavía desconocemos. Hay tantos mundos como cosmovisiones, aunque, sin duda, la exterioridad sea la misma. Vemos lo que vemos desde la óptica de los presupuestos de una cosmovisión. Así, no es lo mismo partir de la división entre cielo y tierra a la hora de enfrentarse al mundo que partir de la idea de que no cabe tal división. Los hechos, no serán los mismos. Como también dijimos, un chamán no dejará de comprender sus visiones como relativas al más allá porque le digamos que ve lo que ve porque ha mascado peyote. Para el chamán, el peyote es simplemente la puerta de acceso al más allá. Pues en modo alguno puede poner en cuestión que hay otro mundo. La interpretación va con la visión. Toda visión incluye un cierto saber. De ahí que nos equivoquemos cuando decimos que en la Antigüedad no hubo propiamente milagros, sino tan solo una interpretación equivocada de unos hechos que cabe explicar *naturalmente*. Los antiguos no vieron fenómenos inusuales a los que, posteriormente, les dieron una interpretación sobrenatural. De entrada, vieron milagros. Y los vieron porque los hubo. Aunque ya no pueda haberlos hoy en día. Sin embargo, nosotros no estamos más cerca de la verdad que el antiguo chamán porque creamos que tan solo alucinaba cuando creía traspasar las barreras que lo separaban del más allá.

Otra cuestión es si el cristianismo es viable donde no cabe proclamar que *de hecho* Jesús fue resucitado, aunque admitamos, por cuanto acabamos de decir, que la resurrección fue un hecho de un mundo que ya dejamos atrás. Me atrevería a decir que sí. Pero solo porque una cosa es que Jesús de hecho resucitara y otra el acontecimiento que revela la resurrección. Y el acontecimiento que revela es la identificación de Dios con el Crucificado o, mejor dicho, el tener lugar de Dios en el centro de la historia. En clave trinitaria, Dios acontece en la reconciliación entre el Padre y el Hijo. Es por medio del hecho de la resurrección que caímos en la cuenta de que el Padre es en el Hijo (y viceversa). Que no hay Padre al margen del Hijo, al igual que no hay Hijo sin el Padre. O, por decirlo en nuestros términos, que Jesús es el quién —el modo de ser— de Dios (y no solo su representante). En este sentido, deberíamos leer los relatos de la resurrección desde la óptica de la caída. Pues solo desde esta cabe proclamar que Dios llega a ser el que es al reconocerse de nuevo en su criatura. Así, en tanto que la caída afectó no solo al hombre, sino también a Dios, la resurrección no solo tiene que ver con el hombre, sino también, y quizá sobre todo, con Dios. Si solo tuviera que ver con el hombre, entonces Dios seguiría siendo el *deus ex machina* de la religión. Pero, desde el punto de vista del kerigma, Dios no es aún nadie sin la ciega entrega del hombre, aunque del mismo modo que el hombre deambula por el mundo como un espectro mientras no sepa quién es su padre. El Crucificado vuelve a la vida con la vida de Dios. Sin embargo, tan solo porque Dios vuelve a la vida con el rostro de un crucificado. O al revés: porque Dios vuelve a la vida con el rostro de un crucificado cabe proclamar que el Crucificado vuelve a la vida con la vida de Dios.

Ciertamente, el hecho y el acontecimiento están históricamente relacionados. No hubiera habido revelación si de hecho Jesús no se hubiera aparecido después de muerto. Pero, ante la dificultad de creer en la resurrección como dato, podríamos estar tentados de decir que el hecho de la resurrección es tan solo la ocasión histórica de la revelación, una ocasión de la que podríamos prescindir una vez hemos sido alcanzados por la revelación. Y así, quedarnos únicamente con la revelación. Ahora bien, la resurrección no solo resuelve la cuestión bíblica sobre la identidad de Dios, sino que también es motivo de esperanza. Jesús fue el primero de muchos. Como es sabido, el anuncio de la resurrección fue entendido como el inicio del final de los tiempos. Los primeros cristianos estaban convencidos de que, en breve, las víctimas del pasado serían rescatadas de la muerte para que pudieran tener la vida que se les arrancó injustamente. Es verdad que seguimos esperando. Pero un cristianismo que renuncie a la esperanza en la resurrección de los muertos con el propósito de seguir siendo creíble difícilmente podrá seguir siendo cristiano. En cualquier caso, será una variante, una religión más, aunque con motivos cristianos.

Sin duda, la resurrección de los muertos es increíble, por imposible. Pero al igual que Dios en verdad es un Dios imposible, un Dios que no puede concebirse como una posibilidad del mundo, ni siquiera del sobrenatural. El creyente confía en un Dios increíble. Literalmente, en un Dios que *no puede ser*. Como dijimos, estamos en el mundo o, si se prefiere, en medio de la historia porque Dios, tras la caída, dio un paso atrás. Y de ahí su *im-posibilidad*. Pues lo imposible es, bíblicamente, lo que el mundo no puede admitir como posibilidad sin finalizar como mundo. Creer en la resurrección de los muertos supone, por tanto, creer en la posibilidad de lo imposible (y por eso mismo en un final de los tiempos). Y no porque necesitemos creer que la película tendrá un *happy end*, sino porque *debe ser* así en nombre de la vida que nos ha sido dada desde el horizonte de la desaparición de Dios, aunque, cristianamente, el Dios que desaparece sea el que asciende a los *cielos* con el rostro de un crucificado. Bíblicamente, el presente de Dios se conjuga en imperativo. Otro asunto es que podamos creer en ello. Pero quizá esto tenga que ver, en última instancia, con nuestras dificultades con la palabra *Dios*. Aunque no solo con la palabra.

Es verdad que cuanto acabamos de decir pide una mayor justificación. Pero esta, sobre todo en lo que respecta a la distinción entre hecho y acontecimiento, será materia para otro libro.

BREVE NOTA BIBLIOGRÁFICA

Quizá no esté de más un apunte bibliográfico para, cuando menos, ver de dónde parto o con qué autores estoy en deuda. La primera lectura que produjo en mí una fuerte impresión fue *La carta a los romanos* de Karl Barth. Debería de tener unos dieciocho años. En ella encontré por primera vez un lenguaje que me permitía recuperar el simbolismo cristiano sin tener que tragar con las ruedas de molino de una religión que parecía no tener otra justificación que lo *sentimental*. Pues Barth no comprende la diferencia entre fe y religión en términos graduales, como si en el fondo se tratara de distinguir entre los dos niveles de la experiencia de Dios, el profundo y el superficial. Sencillamente, el Dios de la fe no es el de la religión. El libro de Barth, de hecho, me ha ido acompañando a lo largo de los años.

Junto a Karl Barth, la obra, más fragmentaria que sistemática, de Dietrich Bonhoeffer me permitió respirar, por decirlo así, en un contexto que para mí resultaba teológicamente asfixiante, a saber, el de ciertas comunidades de corte progresista, comunidades en las que, a pesar de la buena gente que las integraban y las siguen integrando, se daba por descontado que basta con cerrar los ojos y respirar profundamente para experimentar la cercanía de Dios. A mí todo esto me sonaba, y me continúa sonando, a onanismo espiritual, lo cual, sin embargo, quizá tenga más que ver conmigo que con una supuesta deshonestidad por parte de quienes están convencidos de ello. De hecho, no es casual que las pocas citas de este libro sean de Bonhoeffer.

La lectura del *Dios crucificado* de Jürgen Moltmann vino a confirmar, aunque su perspectiva sea distinta, lo que comencé a intuir con Karl Barth. Podríamos decir que le confirió el sello cristológico —e histórico— que se encuentra a faltar en el comentario de Barth. Por otro lado, la lectura de *Dios como misterio del mundo* de Eberhard Jüngel fue decisiva a la hora de comprender que Dios no puede pensarse, en tanto que esto sea posible, al margen del tiempo. Como el mismo Jüngel dice a menudo, Dios se da en adviento.

Con todo, el caldo en el que dichas lecturas se fueron cociendo no fue otro que el de la teología de la liberación y su acento en la tradición profética. Si aún soy capaz de afirmar, aunque esté lejos de vivir en consecuencia, que la voz de Dios no es otra que la del pobre, es gracias, no solo a sus textos fundamentales, sino, sobre todo, al testimonio de sus teólogos, en particular el de Jon Sobrino.

Filosóficamente, los autores que hay detrás son, sobre todo, Platón, mejor dicho el último Platón, el de *Parménides* o *El sofista*, y Martin Heidegger. Ambos plantean con claridad, es un decir, el hiato que media entre el ser como tal y su aparecer o mostrarse a una sensibilidad, aun cuando, sin duda, no comprenden este hiato del mismo modo. A través de ellos llegué a la convicción de que no hay pensamiento profundo que no termine en las perplejidades de la dialéctica.

Finalmente, quizá mi mayor deuda la tenga con Emmanuel Levinas. En medio de sus obras me encuentro como en casa. Expresiones como *huella de Dios* o *rehén de Dios*, tan recurrentes en este libro, son suyas. Es a través de sus textos, sobre todo de los dedicados a comentar el Talmud, que caí en la cuenta de lo que significa una existencia judía. Gracias a él sigo convencido de que no hay cristianismo que valga fuera del horizonte del Antiguo Testamento.

Esta obra constituye
el primer volumen de una trilogía.
Los dos próximos libros se publicarán
en Fragmenta Editorial.